婉转的锋利

林徽因 传

欧阳娟 著

江苏凤凰文艺出版社
JIANGSU PHOENIX LITERATURE AND
ART PUBLISHING

图书在版编目（CIP）数据

婉转的锋利：林徽因传 / 欧阳娟著 . —— 南京：江苏凤凰文艺出版社，2024.5
ISBN 978-7-5594-7907-5

Ⅰ.①婉… Ⅱ.①欧… Ⅲ.①林徽因（1904—1955）—传记 Ⅳ.①K826.16

中国国家版本馆 CIP 数据核字（2023）第 149482 号

婉转的锋利：林徽因传

欧阳娟 著

出 版 人	张在健
责任编辑	傅一岑　张　婷
装帧设计	融蓝文化
责任印制	杨　丹
出版发行	江苏凤凰文艺出版社
	南京市中央路 165 号，邮编：210009
网　　址	http://www.jswenyi.com
印　　刷	南京艺中印务有限公司
开　　本	880 毫米 ×1 230 毫米　1/32
印　　张	7.875
字　　数	161 千字
版　　次	2024 年 5 月第 1 版
印　　次	2024 年 5 月第 1 次印刷
书　　号	ISBN 978-7-5594-7907-5
定　　价	48.00 元

江苏凤凰文艺版图书凡印刷、装订错误，可向出版社调换，联系电话 025-83280257

目录

序	用一生来回答	001
第一章	**静候你的赞赏**	001
一	长女庶出	003
二	前院后院	010
三	书香世家	014
四	人生的早春	019
第二章	**零乱的花影**	025
一	试飞(1)	027
二	试飞(2)	034
三	深笑	040
四	那一春	045

五	吻火	052
六	独航	058
七	初爱	065
八	抉择	070
九	冲突	075
十	新月	080
十一	叹息	084
十二	苦读	089
十三	苦闷	093
十四	丧父	099
十五	家国	103
十六	国家	108
十七	抱负	116
十八	领悟	122

第三章　挎上带羽翼的箭　　127

一	轰动大洋彼岸的新娘	129
二	杀父仇人	134
三	似是故人来	139

四	此人只应天上有	148
五	残红	156

第四章　花园里射一个满弦　165

一	中国的莎乐美	167
二	只影向谁去	172
三	国破山河在	176
四	枪炮与玫瑰	182
五	李庄	185
六	《中国建筑史》	192
七	相见风雨中	196
八	着我旧时裳	203
九	不离不弃	209

第五章　云的留痕　浪的柔波　215

主要参考文献　221

林徽因年表　222

序

用一生来回答

  近年来，林徽因已被说得太多。这个让诗人徐志摩怀想了一生，让建筑学家梁思成宠爱了一生，让哲学家金岳霖牵挂了一生的女人，光是感情上的种种，就令生活在如今这个真情匮乏时代的无数女性羡慕不已，更何况她在文学和建筑学方面亦有诸多建树，同时还与胡适、沈从文、费慰梅等人结下了深厚友谊。

  这样光彩熠熠的人生似乎是了无缺憾的，然而在写给胡适的信里，她却说"我在这三年中真是得了不少的阅历，但就也够苦了。经过了好些的变动，以环境和心理我是如你所说的老成了好些，换句话说便是会悟了"。写给沈从文的信，她更是直言"我觉得像我这样的人应该死去"。

  为什么一个如此成功的女性会有如此痛苦的内心体验？是

小女人的矫情吗？2011年著名好莱坞女星伊丽莎白·泰勒去世时，也有不少人用"矫情""人心不足"来评价她，因为她说"上帝给了我美貌、声名、成功和财富，却没有给我幸福"。

什么是幸福？芸芸众生中的平常人大概很难体会"美貌、声名、成功、财富"兼具的人生能够不幸到哪里去。当我们谈论这些集万千宠爱于一身的名女人时，大多数时候，谈论的是她们头顶的光环，却很少去细究，为了得到这些光环，她们付出了怎样的代价。

在这部作品里，我最想写的就是林徽因所付出的代价。在她短暂的五十一年生命中，究竟发生了哪些令她内心如此痛楚的事情？生逢新旧思想激烈冲突的乱世，一个女人要尽可能大地实现自我价值，必然需要面对许多艰险，林徽因也概莫能外。在她"人生华美的袍子"里，照样暗藏着无数细小的"虱子"。

当然，我并不是为了让有缘翻开这本书的读者们，陪着我一起隔着百年光阴清点林徽因身上的"虱子"。每一代人都有每一代人的痒痛，我只是想，当我们困在命运的迷雾中，搔不到自身的痒处时，或许可以从前人的经验中吸取一些隔代的养分。林徽因，以及以林徽因为纽带联系在一起的各色人等，基本是当时最具独立精神也最有条件追求精神独立的群体，这样的特质对应着当下的某部分现实。所有的历史都是当代史，林徽因的个人经历不仅仅是一段时过境迁的陈年旧事。

在以上这段短短的文字中，包含着我太多未敢明言，也一言难尽的想法。关于这些想法，借用林徽因讲给梁思成的一句情话，"我准备用林徽因的一生来回答"，用她的处境、思想和行动构架一个立体空间，让读者自己到这个空间里去各取所需——里面有一个女人的浪漫史，有一个病人与命运死磕的精神，有一段国破家亡的历史，有关于自由、民主的探讨，甚至有一本名媛养成手册，或是几个惺惺作态的反面案例……从中拿走什么，全凭各人心意。

写林徽因的作品不少，其中不乏来自她家人、密友的第一手资料，但林徽因的民间形象被歪曲得格外严重，甚至连她最基本的脾性都很模糊。她像个百变女郎，在某位作者笔下是温婉纯洁的白莲花，在另一位作者笔下又是自私狂躁的毒罂粟，两种格格不入的形象在她身上共生，几乎像个人格分裂症患者。造成这种现象的原因，一是林徽因本身性格的复杂性，再就是没有一部作品真正立体地把她性格中的多面性统一起来展现。

在我看来，林徽因的个性是非常鲜明的，就像一把弯刀，有着婉转的曲线却很锋利，这两种看似相悖的性格同时并存，贯穿一生，并不是以间歇性的方式呈现。一个经过中式家族文化熏陶又受过西式教育的"It girl"，才是完整的林徽因。

除了脾性，林徽因被歪曲的地方还有多处，以下选我比较注重的几个方面加以说明：

一是出身。林徽因显赫的家世常让后人忽略了她庶出的事实，但林徽因本人不会忽略，甚至可以说，这个身份以及她不争气的母亲，是她扛了大半辈子的精神枷锁。她在家庭中的地位，并不像有些人所想象的那样，是"集万千宠爱于一身"，反而多多少少有些如履薄冰的意味。

新中国成立以后，庶出之说渐渐被人们遗忘，特别是对于七十年代以后出生的人，这两个字几乎变成了化石。这名词背后掩藏的酸楚，只有亲历过的人才能体会。林徽因出国留学之前，在家庭中的地位，跟《红楼梦》中的贾探春有些相似。对封建宗法制度不太了解的人，可以参阅《红楼梦》，其中详细地描述了正出与庶出的云泥之别。

二是成就。很多人认为林徽因在文学上的成就是借了徐志摩的东风，在建筑学上，更是靠着梁思成混口饭吃。毋庸讳言，仅就文学方面来说，林徽因比不上很多同时代专事写作的女作家，但说她是靠徐志摩成名，也多少有些牵强。我也曾一度误以为林徽因的诗歌创作，始于她与徐志摩的热恋，事实是她真正开始写作时已重病缠身，徐志摩也早已和陆小曼结婚，并且不久之后便死于空难，林徽因即便想靠他成名也没处可靠。

在建筑学方面，她为东北大学设计了"白山黑水"校徽，参与过中华人民共和国国徽和天安门人民英雄纪念碑的设计，协助丈夫梁思成完成了《中国建筑史》的初稿，以及用英文撰写了《中国建筑史图录》等，为中国古代建筑研究奠定了坚实的科学基础，成为这个学术领域的开拓者。

林徽因写《中国建筑史》和英文稿《图像中国建筑史》时，

贫病交加，整日躺在李庄镇的床上，连生活自理都成问题。参与设计国徽和人民英雄纪念碑时，她已做了肾切除手术，医生叮嘱要静养，她却一连几年马不停蹄地做了大量工作。如果说这样顽强的敬业精神，是跟着丈夫混口饭吃，那这口饭，混得委实太过艰难，耗尽了她的热情和热血。

此外，林徽因还为改造传统景泰蓝做出了贡献，在耶鲁大学专学过舞台美术设计……美国学者费正清说："她是一个具有丰富的审美能力和广博智力活动兴趣的妇女。"费慰梅则干脆赞誉："她能够以其精致的洞察力为任何一门艺术留下自己的印痕。"也许正是因为兴趣太广博，涉猎的行业太多，林徽因没能成为任何一个门类最顶尖的代表人物，但她无疑是民国时期的著名才女中，才艺最全面的一个。

三是爱情。林徽因跟徐志摩和金岳霖究竟是什么关系？所谓的"八宝箱之谜"到底有没有关于林徽因与徐志摩故事的谜底？在此，我引用她自己的话来作答："徐志摩当时爱的并不是真正的我，而是他用诗人的浪漫情绪想象出来的林徽因。"

我想，从这句话里，我们不难读出林徽因的理智。尽管她"闷到实在不能不哭！理想的我老希望着生活有点浪漫的发生，或是有个人敲门走进来坐在我对面和我谈话，或是与我同坐在楼上炉边给我讲故事，最要紧的还是有个人要来爱我。我做着所有女孩做的梦。而实际上却只是天天落雨又落雨"。

当徐志摩这个会给她讲故事、会来爱她的人出现时，她还是把情感关进了理智的笼子里，没让它像失控的野马般摔碎在悬崖边。一个这样决绝的女人，一切应在规则的掌控之中。关于那个时代的情感规则，我在正文中将进一步探讨。

四是林徽因和张学良的关系。少帅张学良是不是追求过已婚的林徽因？林徽因是为了躲避他的追求才离开东北的吗？以当时开明的社会风气，一位绅士不会强迫自己爱慕的淑女接受一份并不情愿的爱情。就连戴笠，为了霸占名伶胡蝶，都是费尽了心机用尽了巧劲儿，更何况是张学良对林徽因？

斯人已逝，我不能穿越回到民国，亲口问问林徽因当时的情况，就算真能穿越回去，有些问题，也未必能够得到诚实的回答。就算是朝夕相处的人，彼此之间也难免有些不可说的秘密，何况是一个历史人物。我对林徽因的这些判断，难免会有偏颇之处。作为一个写作者，这是无法突破的自身局限，好在现在读者和作者之间的沟通越来越便捷，希望大家通过网络给我留言，一起来给本书纠偏、补漏，把我这部十几万字的小作品，写成一部真正的大书。

最后，感谢黄孝阳先生促成这部书稿的诞生，感谢黄斌先生为我打开了一扇了解建筑学的窗口，也感谢我自己在书桌前静坐的两百多个夜晚。

第一章
静候你的赞赏

一　长女庶出

　　江南的美，重点在一个俏字。这里没有大漠的苍凉，没有草原的空旷，多的是小桥流水人家，白墙黛瓦间漏出几枝杏花，杏树上停了叽叽喳喳的雀儿。谁家的孩子刚从外婆家回来，眉心戳着一点红，脆生生地咿呀呀叫着，跟花丛中的雀儿一唱一和。那抱孩子的少妇，轻巧的身板儿上，穿的是桃红配葱绿。这是一百年前的江南。

　　一百年前的杭州陆官巷就是典型的江南景致，林徽因便出生在这里，吸取了江南的灵秀之气。她自小生得精致可人，就连著名女作家冰心，日后评价林徽因和陆小曼的容貌，也毫不掩饰地说"林徽因俏，陆小曼不俏"。可见徽因的长相，是得了江南精髓的。

　　在陆官巷窄窄的青石板路上，林徽因或许就是那个眉心戳着红点的孩子，只是她的母亲何雪媛脸上少了一些欢颜。按江南的习俗，小孩满月之后，要带到外婆家小住一段时间，回来时，便在眉心点上一颗圆圆的红痣。刚从娘家回来的何雪媛脸色暗沉，不明就里的人，或许会猜测她在娘家受了什么委屈，实则是自小娇生惯养的她，享受了一段自由任性的生活，马上就要回到婆家了，心下忧惧。

何雪媛出生于小城嘉兴，家里开着个小作坊，颇有几分家底，她是最小的孩子，在父母的宠溺之下长大，既不会女红，又不习诗文，没什么特别的才能，脾气却大得很。嫁到林府这样的大户人家，要遵从许多她从未接触过的礼仪规范，任性惯了的她，自然感觉跟进了牢笼似的。

实际上何雪媛终其一生也未真正地融入过林家的生活。她的婆婆游氏是一位典型的名门闺秀，擅女红，工书法，喜读诗书，跟何雪媛简直是一个天上一个地下。要说游氏对这个儿媳如何严苛，那倒也说不上，只是相处不来，便冷着些罢了。关键是何雪媛的丈夫林长民对她也是这种态度，且不说他长年在外，难得回家一次，就算回来，两人也说不到几句贴心话。

在何雪媛的世界里，丈夫那种"以天下大事为己任"的做派是她所不能理解的。她只是个小女人，只认识身边这个小世界，所求不过是三餐一宿夫唱妇随。可是她的丈夫唱的是阳春白雪，她这个小家碧玉，想随也不知道怎样去随。他是飞在九霄云外的雄鹰，叫她这只小小的家雀儿，如何与他比翼齐飞？

林长民大概也从未想过要跟何雪媛在天比翼，他的原配夫人是福建同籍门当户对的叶氏，何雪媛是叶氏死后家里做主添的继室，不过是因为正房没留下子嗣，为了延续香火的权宜之计，实在谈不上有什么感情。何雪媛高攀的这门亲事，带给她的，不是金玉满堂的繁华，只有满目的萧索和无尽的孤苦。

何雪媛害怕踏入那个家门，怕面对知书达理的婆婆和姑子，甚至害怕家里的用人，怕她们无可挑剔的礼貌背后掩藏着的疏离。她是游走在那个家庭之外的边缘人，甚至连边缘人都算不上，她只是一个影子，一个在冬日傍晚微弱的阳光下映照出来的似有若无的影子。

一个浅淡的影子是很难引起注意的，除非那个影子猛然尖叫起来。何雪媛的性格越来越暴躁，揪住一点小小的问题，就能发一通惊天动地的脾气。时间一长，所有人见了她都绕道而行，她连发脾气的小由头都找不到了，寂静的空房里，只能听到她自己母狮般粗重的喘息。如果不是林徽因的降生，这种状态将一直延续下去，直到她被自己的暴虐打垮。而怀里这个粉嘟嘟的小婴儿，暂且拉了她一把，让她在漫长的悲凉里寻得了一丝暖意，让她重新被听见被看见，让她扁平的淡影嘭的一下鼓胀起来，重新具有了立体的轮廓。

林徽因是林长民的长女，颇得祖父林孝恂的疼爱，一得知孙女儿出生的消息，他就喜悦地吟诵起《诗经·大雅》中的诗句："思齐大任，文王之母。思媚周姜，京室之妇。大姒嗣徽音，则百斯男。"大意是说，文王和周姜的旷世才能，离不开他们的好母亲或者好妻子。放在现代来说，就是好女人是男人的好学校的意思。所以林徽因本名为林徽音，便是因此诗得名。

林徽音改名是 20 世纪 30 年代初的事情。当时有一位写诗的男作者叫林微音，报纸杂志在刊发他们的作品时，常常把名字搞混，

《诗刊》为此还专门发过更正声明。林徽音为避免麻烦，就索性把名字给改了。她还调侃说：

我倒不怕别人把我的作品当成了他的作品，我只怕别人把他的作品当成了我的。（张清平《林徽因传》，百花文艺出版社2012年版）

对于何雪媛来说，女儿是一根救命稻草。对于林徽因来说，母亲却不是温柔的后盾。甫一出生，林徽因就在母亲异样的处境中成长，敏感的她，过早地领略了人情世故。林徽因有一张三岁时的照片，小小的人儿孤身立在院子里，背后是一把古朴的木椅，她一脸认真的神气，用坚定的目光注视着这个陌生的世界，似乎随时都准备着发表重要言论。

发出自己的声音，体现自身的价值，这大概是林徽因反观母亲的遭遇悟出的为人之道。她从小就是个努力上进的孩子，五岁开始跟着大姑母林泽民发蒙读书，六岁便能为祖父代笔给父亲写家信，十二岁开始承担起料理家庭事务的重担……除了天资聪颖，不能不说，她多多少少有些想靠着自己的聪明能干博取长辈的赞赏。从母亲的身上，林徽因自小就懂得，一个人想得到尊重，就必须要做一个对他人有用的人。

乖巧懂事的孩子总是招人喜爱，大人们只看到他们伶俐的脸蛋，却忘了看一看那脸蛋下面的心。所有早熟的孩子，都有一颗心事重重的心。林徽因的心，必然也是多思多虑的。她在一篇散文中写到六岁时出水痘的经历。在她的家乡，出水痘叫作出"水珠"。民间相传，每个人有生之年都要出一回"水珠"，多发于童年时期，出完之后则终身免疫，如果童年时期没有出来，成年之后也还是要经历这么一回，到那时就很可能会危及生命。

其实即便是童年时期出"水珠"，也是非常难受的事。首先是发热、长疱疹引发的生理不适，再就是要严格隔离，不能外出，更不能接触其他小伙伴，连风都不能吹，只能如同坐牢般老老实实待在房间里。

按说生性好动的小孩子，被这样的疾病软禁，应该是非常煎熬的。林徽因却觉得快乐，她说：

当时我很喜欢那美丽的名字，忘却它是一种病，因而也尝到一种神秘的骄傲。只要人过我窗口问问出'水珠'么？我就感到一种荣耀。（林徽因《一片阳光》）

这份快乐，源于林徽因天性中对美好事物的向往，哪怕只是把"水珠"这样一个词语安放在自己身上，也足以令她满心欢喜。这份快乐，也可以看出林徽因小小的内心世界，多么渴望被关心被重视。哪个孩子愿意忍受病痛和孤单来招引外界的注视呢？除非是那些本来就孤独了很久的孩子。除非是那些在日复一日的生活中，严格按照大人世界的规则来要求自己，难得借着生病的理由，让自己幼稚一回的孩子。

林徽因是难得幼稚的。好友费慰梅说：

她的早熟可能使家中的亲戚把她当成一个成人而因此骗走了她的童年。"（费慰梅《梁思成与林徽因》，成寒译，法律出版社2010年版）

父亲在家的时间本来就少，林徽因大多数时候跟着祖父祖母，到她两岁那年，林长民东渡日本留学，从此在徽因的记忆里，父亲就是一封封从日本寄来的信而已。信件的内容大多是谈论政治，抒发抱负，抨击时弊，对女儿和妻子只是信末一笔带过的问候。

知情识趣的父亲远在天边，近在咫尺的母亲又是那么不可理喻，林徽因实则是在父爱和母爱同时缺位的情况下长大的。虽说隔代更亲，但祖父母的爱毕竟不能代替父爱母爱。都说三岁看大，七岁看老，在她两岁到五岁之间，这段最宝贵的幼儿成长期，父亲一直远在日本，回国之后也不常相聚，这对林徽因性格的形成，难免会有一些影响。成年之后，她对人与人之间的情感，表现出超出常人的眷恋和疑虑，或许并不完全源于天性，而跟这段成长经历也有着一定的关系。

八岁那年，早熟的林徽因又添了一桩心事。由于母亲何雪媛之后生下的一子一女接连夭折，林孝恂担心林家香火不续，给林长民娶了第三房夫人——上海女子程桂林。程桂林也没什么文化，但她性情乖巧，加上一连生了几个儿子，颇得林长民欢心。按说何雪媛虽是继室，但上无正房，她的地位应该是稳固的，怎么着也比后来的三房要强些，然而她总改不了那蛮横的脾气，让丈夫在她身边多待一分钟都犹如受刑。

林徽因理解父亲，可她也深爱着母亲，当至爱的双亲之间产生了不可调和的矛盾，被撕裂的只有孩子的心。幼小的林徽因不得不像人情练达的成年人一样，想方设法在父母之间巧妙周旋，不过是想让这个家多一分安宁而已。

二　前院后院

林徽因唤程桂林二娘,二娘住在前院,何雪媛住在后院。林长民回家后,总是待在前院。前院有弟妹们的笑闹声,有各式新奇的物件,林徽因常常忍不住想过去看一看。特别是那架放在堂屋里的自鸣钟,钟上有个小门儿,到了钟点,小门就会自动打开,从里面跳出一只小鸟,翠绿的羽毛,嫩黄的嘴,小鸟滑稽地点着头,几点钟就叫几声。每每想到这只鸟儿,林徽因就忍不住想笑。可是只要一去前院,回来就会听到母亲的数落。

何雪媛大概忘了林长民原本就对她冷落的事实,对比着前院的热闹,便觉得自己的痛苦都是由那边的快乐一手造成的。她总是一边数落着前院,抱怨着丈夫,一边哭自己命苦,哭死去的小女儿。在她嘴里,那温顺的小女儿强过林徽因百倍。在何雪媛看来,徽因每次前往二娘处探望,都是对她最绝情的背叛。

第一章　静候你的赞赏

林徽因的儿子梁从诫在《倏忽人间四月天》中,写到林徽因当时的内心感受:"她爱父亲,却恨他对自己母亲的无情;她爱自己的母亲,却又恨她不争气;她以长姊真挚的感情,爱着几个异母的弟妹,然而那个半封建家庭中扭曲了的人际关系深深地伤害过她。"

程桂林一共为林长民生了五个子女,在林徽因眼中,这五个弟妹都是她的手足。何雪媛这边,只剩她一人。从实质意义上来说,二娘的孩子们,是林徽因血缘最近的兄弟姐妹。她的至亲,却是母亲的掌中刺、眼中钉,这种复杂的关系,将林徽因的心理感受逼迫到了一种绝境。

她曾写过一篇叫《绣绣》的小说(发表于1937年4月18日《大公报》文艺副刊):乖巧秀丽的少女绣绣生活在一个不幸的家庭,母亲懦弱而狭隘,父亲娶了姨娘又生了小孩子,绣绣整日挣扎在父母无穷尽的争吵之中。整个家庭没有温情,没有爱怜,只有数不清的矛盾和仇恨,绣绣在冷漠的家庭关系中慢慢死去。

小说最后以绣绣的朋友"我"的口吻写道:

那时我对绣绣的父母两人都恨透了,恨不得要同他们说理,把我所看到各种的情形全盘不平地倾吐出来,叫他们醒悟,乃至于使他们悔过。却始终因自己年纪太小,他们的情形太严重,拿不起力量,懦弱地抵制下来。但是当我咬着牙毒恨他们时,我悟到此刻在我看去毫无疑问的两个可憎可恨的人,却是那温柔平和的绣绣的父母。我很明白即使绣绣此刻有点恨着他们,但是缔结在绣绣温婉的心底的,对这两人到底仍是那不可思议的深爱!……

小说中绣绣的死,无疑折射着林徽因对家庭关系的彻底失望,但那最后"我"的自述,又表明她在这彻底失望的背后,居然还残存着关于"爱"的希望。这是一种置之死地而后生的希望。现实的家庭关系让林徽因看到了,她想和普通的同龄人那样,做一个小小的等待着理解和爱护的女孩,这一愿望是无法实现的。这个小小的她,就像绣绣一样,终究要在无尽的失望中逝去的,她只有让强大的自我入住内心,不奢求来自长辈的理解和爱护,反而以她细弱的身体里那强壮的心灵,去理解去爱护去宽恕所有人,这个家庭才能获得一丝温暖,才能勉强得以黏合。

林徽因确实是这样做的。有一回程桂林病重,林桓(林徽因的弟弟之一)的乳母又粗心,没有照顾好孩子,大热天任由久病初愈的林桓啼哭不止。林徽因躺在夜色中,听着婴儿一阵赶一阵的哭声,心下不忍,披衣下床前去照料。她知道母亲何雪媛正在暗暗留意外面的动静。林桓的啼哭,或许能让母亲压抑日久的怨气得到一些释放,她可能会希望那婴儿哭得久一些、长一些。何雪媛十几年来的怨气委实太久太长,哪是一时半会儿能够全部发泄出来的?

林徽因抱起林桓的瞬间,可以想见母亲愤怒的面孔,在瞬间安静下来的月光下,她承受着母亲无声的指责。在何雪媛的世界里,林徽因背叛者的身份被再一次确认。这个母爱的背叛者,以十三岁的臂弯，圈住一个倦极而睡的婴儿，眼里有着慈母般的温柔。林徽因在廊外徘徊良久，心里想着过世不久的祖父，不免眼眶湿润。

祖父对徽因的爱，是她生命中的第一道光，现在这光芒，就像落山后的太阳，虽有余晖，却隐遁在太多阻隔之后。刚搬家到天津不久，又缺了祖父这根主心骨，家里上上下下都乱成一团了，再加上二娘病重，父亲远在北京忙于政事，又挂心着家里的事，徽因不得不每天写信汇报家中景况，特别是二娘的病情。实际上刚刚失去祖父宠爱的她，在很大一部分家庭事务上，承担起了祖父原来的职责。这就让她不但不能沉浸在痛失至亲的悲痛中，不但得不着外来的安慰，还要反过来去安慰宽解别人。

抱着林桓在廊外走了一个多小时，那孩子，抱在怀里就睡得香，一放下来就开始啼哭，徽因像个小妈妈一样耐心。那晚的月光特别亮，在白昼般的夜色中，林徽因思绪万千，却无可倾诉，除了那晚深邃的夜空，有谁在通读这个十三岁孩子的心灵史？

三　书香世家

　　林徽因的美，是精致而高雅的。建筑工程师王贵祥先生在《林徽因先生在宾夕法尼亚大学》一文中曾写道，一个美国女孩盛赞林徽因"像一件精美的瓷器"。作家赵清阁女士也曾美言，四十五岁的林徽因，依然"有一双充满智慧而妩媚的眼睛，她的气质才情外溢。我看着她心里暗暗赞叹，怪不得从前有过不少诗人名流为她倾倒"。

　　梁思成的第二位夫人林洙女士，甚至对晚年的林徽因着迷不已。她说："我承认一个人瘦到她那样很难说是美人，但是即使到现在我仍然认为，她是我一生中所见到的最美、最有风度的女子。她的一举一动、一言一语都充满了美感，充满了生命，充满了热情，她是语言艺术的大师。我不能想象她那瘦小的身躯怎么能迸发出这强的光和热。她的眼睛里又怎么能同时蕴含着智慧、诙谐、调皮、关心、机智、热情的光泽。真的，怎么能包含这么多的内容。当你和她接触时，实体的林徽因便消失了，而感受到的则是她带给你的美，和强大的生命力。她是这么吸引我，我几乎像恋人似的对她着迷。"

从众人的描述中，很少看到关于林徽因面容的细致刻画，大多讲的是她的风度和气韵，可见她的美，除了遗传自祖母的漂亮脸蛋和祖父的深邃双眸，更多的是一种从内而外散发的光彩。五官端丽的女性不少，但不一定个个光彩夺目，如果缺乏了灵魂的质感，外表再漂亮也是个木头美人。林徽因活色生香的美，是有着家学渊源做灵魂的底子的。

林徽因的祖父林孝恂是光绪十五年（1889）进士，授翰林院编修，一直在浙江做官，历任金华、石门、仁和、孝丰知县和海宁知州。他在任期内创办了养正书塾、蚕桑职业学堂，是清末创办新学的先驱之一。林孝恂有五女二男七个孩子，林长民为长男。

林家设有家塾，分国学和新学两斋，国学由林纾主讲，新学由林白水主讲。林长民从小打下了深厚的国学根基，又受到了新学的启蒙，可谓双剑合璧，学养深厚。林徽因跟着和父亲一样受过良好的国学和新学教育的大姑母读书，在这样的教育背景之下，聪明伶俐的她，自然吸收了丰富的养料。

林徽因的见识和风度，是几代人熏陶出来的。纯粹就长相而论，看过徽因照片的人应承认，她也不过是清新秀丽的邻家女孩，长成这样的姑娘，应不罕见，她却常被誉为绝色佳人，最主要的原因是她拥有世代书香沉淀的气质。穿衣打扮描眉画目都容易，这世代书香的沉淀，却不是光靠个人的努力就能实现的。

实际上林孝恂的名士风范，也不是凭空而来的。福建闽侯林氏本是望族，一直人丁兴旺，常有才子名人、达官显贵出没其间，到林孝恂这一支才式微沦为布衣。林孝恂虽家境寒微，但先祖遗风尚存。他在做教书先生，穷到只舍得买一个梨切成一片片分给孩子们吃时，也仍然是心怀天下的。有了这样的胸襟，才不至于让他高中进士之后，随着那个王朝的覆灭而令家族事业随之消亡。

林孝恂在翰林院任京官时，主动谋取外放，到杭州地区的几个州县做父母官，后任杭州代理知府。在此期间，他并未一心耽溺官场，眼界开阔的他，早已看出那个年代的末世气象。所谓"雕栏玉砌应犹在，只是朱颜改"的况味，他是深有体会的。在一波一波的政治运动和思想风潮之下，林孝恂寻找着家族的出路，引领着家人为一个即将没落的书香世家打开了更广阔的局面。

在今天的人看来，主导着晚清民初政治、经济、文化发展的主题词，无非是"西学东渐"四个字，但身处历史迷雾中的人们，哪里知道"风往哪个方向吹"。时代的列车将驶往何处，各人只能摸黑探路。多少豪门望族翻船跌入阴沟？林孝恂能够拨开迷雾，始终将方向盘定位在正确的航线上，实在需要有超前的眼光和果敢的决断。

这个晚清时代的翰林，要用他一双凡胎肉眼，穿透中国上下几千年来积久成习的思维模式和约定俗成的行事法则。而他自己，本身就是这块土地的产物。这就好比一个被制造出来的产品，要超越制造它的主人。还好人不是产品,人有外溢的思想,林孝恂终究是超脱出去了。由此看来,他的那双凡胎肉眼,确有超出凡常之处,不同于流俗的常人。也可以说,一个人过分流俗,难免沦为被制造的产品。按部就班走完自己作为产品的一生,被摆布被迷惑,实在是一种麻木而可怜的活法。外溢的思想,才是人作为人的尊严所在。

一个思想外溢的人,必然不是腐儒。林孝恂不是埋首穷经的苦读书生,他于闲暇时常习武艺,热心医术,并把这些技艺传授给林家的子侄,让子侄们个个能文能武,体魄和思想都同样强大。当别人还沉浸在八股策论中,他就看到了实学的重要性;当别人还没从西方的"声、光、电、影"中缓过神来,他已经开始接受西方的政法思想;当别人还在广置田产以保晚年时,他却投股商务印书馆,支持现代出版业的发展。他始终走在时代前列。

作为一个大家族的核心人物,不仅要谋求自己的发展,还肩负着为这一支血脉疏通管道的重担。俗话说,授人以鱼,不如授人以渔。林孝恂当然知道,家族的血脉要保持畅流,不能靠他个人把所有的障碍肃清,必须让后辈们拥有为自己开路的能力。

获取这种能力,最有效的方法,就是教育。林孝恂为子侄们设计了一套完备的教育方案。本着"求新还须知故"的教育理念,林孝恂先让孩子们在家塾接受传统教育,再入新式学堂,实现从传统教育向新式教育的初步转接,然后不惜花重金将他们送往日本深造,接受完整的西式教育。这一套方案实施下来,受教者不仅同时具有了深厚的国学和西学基础,而且兼具了融会中西的学术视野,比单单学习国学或者西学的人，有了更为完备的知识体系。

这种教育策略当然是成功的，林徽因就是典型的受益者，正是因为有了扎实的国学基础，再加上西方的建筑学，她才在文学界和建筑界打开了一方天地。尤其是在建筑学方面，充分体现了林徽因融贯中西的知识储备，她用西方建筑学的研究方法来解读中国古建筑，因而使中国的建筑业在国际上被认知，这一贡献是不可忽略的。

林孝恂在家庭内部实施的教育方案，不仅是他个人的成功，也基本代表着当时传统仕宦家庭最为理想的教育模式，暗合了近代学术风气的流变。可以说，林家的教育之路，是那个时代一幅小小的缩影，走在时代前列那一小撮人的缩影。

四　人生的早春

1916年，林徽因迎来了她人生中的早春。这一年，林长民举家从天津迁回北京，林徽因入培华女中读书。

培华女中成立于1914年，是英国人创办的一所教会中学。教会在中国办学，始于19世纪中期，最初的目的是给经济贫困的孩子们提供一个读书识字的场所，所以初期的教会学校都是识字班的性质，所收的学生也是一些孤儿、女佣、贫苦儿童之类。这些人没有什么远大的抱负，无非是为了衣食方便，心里还多少怀着一些跟外国人近距离接触的忐忑。

到了1914年，随着启明女中、贝满女中、圣玛利亚女校、中西女塾等名校在中国创立，教会女校的性质发生了根本性的转变，它不再是底层民众的庇护所，高昂的学费像一个巨大的筛子，大多数家庭都像细沙一样被筛在外面，有实力留在筛子里面的，都是一些经济实力雄厚的大家族。

也就是说，那时候的教会学校，实际上就是贵族学校。现在很多有名无实的贵族学校，其实学校的教育不贵族，就读的学生也不贵族。在林徽因的时代，舍得花钱让子女入教会学校读书的，大多数都是真正的贵族。

张爱玲在她的小说中曾经写道，由于家道中落，她的父亲舍不得送她的弟弟入正规学校读书，只请了教书先生在家里上课，借口说外面的学校会把人心教坏了，实则是不愿拿出那么大一笔钱来投入教育。张爱玲的弟弟，是家里唯一的男孩，其家世也算是真正的贵族名门，身为李鸿章的曾外孙，瘦死的骆驼比马大，再怎么不济，比普通的工薪阶层还是要强得多的。张爱玲家的境况尚且如此，其余人等可想而知。

教会学校的教学以中英文并进为宗旨，同时开设科学、体育、美术、音乐等课程，为学生构建全面的知识结构。民国初期，国人从对西方文化的恐惧和抵触，渐渐转化为接纳和欣赏的态度，这直接影响着社会对青年一代的评价标准，特别是对青年女性的评价标准。以前那种大门不出二门不迈的传统闺秀显得有些落伍了，懂礼仪、擅文才、明外事的淑女，才是上层社会的理想女性。

教会学校正是把准了国人的这一心理，适时做出调整，一改帮贫扶困的形象，开始收取高额学费。入读教会学校，成为上层社会的一种时尚。那些家道殷实的家长，为了跟上时代的潮流，纷纷不惜重金，把女儿送入教会学校读书。在他们看来，这是一种身份和地位的象征，相当于一张嫁入豪门的名片。

　　林长民的眼光，当然比一般的家长更为高远。送女儿入学，主要是为了让她接受平等独立的新式教育，将来可以做一个对社会有所贡献的人。至于嫁入豪门与否，对于林长民来说，这大概是个毫无悬念的问题。

　　林徽因从大宅门里走出来，一脚踏进宽敞安静的教室，远离了家庭琐屑的纷纷扰扰，只觉得一切都是新鲜而健康的。母亲带给她的困扰，被培华女中积极向上的学风稀释了。她像一朵初放的蓓蕾，经过了漫长的冬季，欣然吐露清新的芬芳。

　　刚刚进入少女时期的林徽因，有着所有同龄人特有的美，乐观、活泼、烂漫，皮肤泛着天然的光泽，秀发像初春的野草般飞长。从林徽因这个时期所拍的照片可以看得出来，那是她面孔最为圆润、头发留到最长的一段时间。青春的身体，有着雨后春笋般挡不住的生命力，任何一点小小的喜悦，都能让那饱满的生命爆裂开来，绽放出一朵朵放肆的笑声。

　　林徽因是爱笑的。热情聪敏的她，不但征服了家里的众多姐妹，也得到了同学们的拥戴。走到哪里，她都是一道不可忽略的风景。休息日跟姐妹们一起外出游玩，常有轻薄男子尾随而来，致使姑娘们不得不叫来身材高大的表兄弟充当护花使者。

　　豆蔻年华，对外在美的追求在所难免，不过林徽因并未为此花费太多时间，她的注意力更多地放在"受严格之训练、人格之感化、养成个人及社会的健全良好习惯"方面。当大多数同龄人把自己的热情和聪敏用在小儿女情态上时，她思考的是人生观和价值观；当他们还沉浸在懵懂的小情绪中时，她最开怀的笑脸只会送给成就感。

1918年4月，林长民赴日本考察期间，林徽因翻出家藏的字画，一件件过目分类，编撰成收藏目录，满心期待着爹爹回国取阅时，能够大加赞赏。此时的她已经明白，仅在容貌上受人赞美，是短暂而肤浅的，那种喜悦难以满足她深层次的精神追求，只有完成某项有意义的事情后所得到的赞赏，才能令她长久而深刻地开怀。

如果林长民对女儿此次编撰的目录加以肯定的话，林徽因的酒窝里，定会散发出最沉醉的香气。可惜她盼来的只是一场空欢喜，林长民看完目录之后，认为并不适用，林徽因为此颇为自惭。这种自惭，来源于眼高手低。所有人在少年时期，大概都有类似的体验，心中暗藏着一个美好的目标，却找不到达到这个目标的途径。这是少年的美好，也是少年的悲伤。

这件小事，只是林徽因快乐少女时代的一个小插曲，不影响她朝着理想新女性的方向塑造自己。"其志气高尚，其见识远大，其位置崇亢，而不肯自卑，其行止丽落，而无所黏滞。"美国人林乐知的女学理想，被林徽因一步步变成了现实。

伟大的William Shakespeare（莎士比亚）心目中最美的女性，永远是十四岁。林徽因初识梁思成，恰逢这最美的年龄。那时梁启超和林长民早已有了联姻的想法，但他们都是思想开明的人，并不想用传统的父母之命媒妁之言，将一对青年男女捆绑起来。

对于子女的婚事，梁启超一贯的原则是，先由他留心观察看定一个人，给他们介绍认识，最后再由他们自己决定是否要组合成家庭。在梁启超看来，这是最为理想的婚配方式。长女梁思顺的婚事，就是采用这种方法确定下来的，结果非常美满，这大大加强了梁启超的信心。在梁思成身上，他也想故技重施，再赢一局。当然，现在大家都知道，他不仅赢了，而且赢得非常漂亮。

在梁思成十七岁时的某天，梁启超吩咐他到林长民家去见见老友的女儿林徽因（当时仍为林徽音）。梁思成当然知道那个意思，他心想，林小姐大概是梳着一条光溜溜的大辫子，穿着绸缎衫裤，抿嘴含羞的样子吧。不怪他这样想，当时一般人家女儿的时尚打扮，大概就是那个样子，他还没见到真人，只能往惯常里去推测。梁思成当时那样年轻，并不急于恋爱，又想到那样的场面，多少有些不自在。他并不是一个自来熟的人，要面对一个素不相识的姑娘，还有一层那样的关系，怎能不别扭？

待他来到景山附近的林家，门一开，林徽因走了进来。他之前的想法全部被推翻了。这哪里是一个抿嘴含羞的大姑娘？这就是一阵轻巧的风，一丛翠绿的草，一声鸟鸣，一页诗篇。她是那样自然。眼睛清亮如星。五官精雕玉琢。穿浅色半袖短衫，及膝黑色绸裙。两条小辫子垂落在带着婴儿肥的面孔两侧，左颊笑靥如花。梁思成一见难忘。那少女起身告辞时，翩然离去的身影，飘逸如仙子，刻在他脑海里，成为经年不变的回忆。

在他还来不及思考与爱情有关的命题时，爱情，就像一场不期而遇的雨，兀自淅沥沥下了起来。

第二章 零乱的花影

一 试飞（1）

人类的生命和大自然一样经历着四季流转，一生像一年，一代代的繁衍，就好比一年年的日月轮回。1920年，林徽因迎来了她人生中的阳春三月，享受着春天里的次第花开。培华女中，是父亲为她在家庭之外打开的第一扇门，好比她人生中的迎春花。而十六岁这一年，父亲将送给她一整片桃花林，那满目的繁花，看不尽的风景，是她生命中最为灿烂的片段。

这片桃林，就是为期一年半的欧洲之行。

林长民以国际联盟协会中国分会代表的身份，前往欧洲考察西方宪制，他决定带林徽因同行。一个春寒料峭的日子，林徽因接到了父亲的一封信，信中说："我此次远游携汝同行。第一要汝多观览诸国事物增长见识；第二要汝近在我身边能领悟我的胸次怀抱；第三要汝暂时离去家庭烦琐生活，俾得扩大眼光养成将来改良社会的见解与能力……"可见这次考察之行带上女儿，不是林长民一时兴起的决定，他可不会把大量时间浪费在让"天才女儿"游山玩水上。对于儿女的教育，林长民胸中有丘壑，思路清晰，目标明确，于关键处发力。

就要离开熟悉的窝巢，到广阔的天地去试飞了，林徽因像一只刚刚长全了翅膀的鸟儿，充满了欢欣，又有些畏惧。外面的世界，定有无数新奇的风景，她羽翼未丰的翅膀，有足够的力量自在地飞翔吗？从小到大，她希望展现给父亲的，都是懂事、自强的一面。这么长时间待在一个完全陌生的环境，必定有很多预想不到的事情发生，她能够灵活、得体地处理一切事物吗？万一处理得不周全，会不会让父亲失望？

林徽因知道，父亲强壮的臂弯随时准备着在背后对她施以援手；但她同时也知道，父亲殷切的目光，也随时在等待着欣赏她出色的表现。站在父亲饱含希望的目光面前，林徽因更多地选择了独自承受，而不是寻求庇护。她不想做蜷缩在粉红色童话世界里的小公主，她要做直面困境的女猎人。尽管，她再竭尽全力，充其量也不过是一个渴望着像猎手般勇敢的公主而已。

3月27日，春寒尽敛，天气回暖，宜于出行。林徽因跟随父亲启程南下，离开北京前往上海。在北京车站为他们送行的，有胡适和张慰慈等一众名流。做名人的女儿，在这一点上占尽优势，这么小的年纪，人生中稍微重要的时刻，便有响当当的名人做见证，这是普通人得不着的待遇。4月1日，林徽因在上海登上了法国

第二章　零乱的花影

Pauliecat 邮船，开始了一个多月的海上行程。

行驶在一望无际的海洋上，极尽广阔的视野，让人体验着无限的自由和浪漫，也让人感觉孤独和渺小。敏感的林徽因，情绪上的起落，大概也像印度洋上的天空般，时而明媚、时而灰暗吧。海上壮观的日出，定然会让所有十六岁的少女欢叫；而海上肆虐的暴风雨，同样会让所有十六岁的少女，在大自然的威慑力下深深臣服。凡事都有两面性，理智如她，不是不懂，只是在所有的经验中，她乐于挑拣那好的一面，去记忆，去歌颂，去咀嚼。

航行途中，林徽因与同船一位女客拍了一张合影。在我看来，这是她最"不像"林徽因的一张照片。没有林徽因式的专注，没有林徽因式的优雅，没有林徽因式的强大气场。她很随意地望向镜头，似看非看，很家常的样子。我想，在浩瀚的海洋上，在拍照的瞬间，她大概放下了自己作为林家长女的身份，放下了美貌和才华，就是一个普普通通的小姑娘，拍了一张普普通通的照片而已。

做个普通人，并不是常有的机会。5月4日，船行至地中海，同船赴法勤工俭学的百余名学生举办"五四运动纪念会"，林长民和王光祈发表了演讲。林长民说："吾人赴外国，复宜切实考察。若预料中国将来必害与欧洲同样之病，与其毒然后暴发，不如种痘，促其早日发现，以便医治。鄙人亦愿前往欧洲，以从诸君之后，改造中国。"

这是有记载的，林徽因第一次参加政治性社会活动。在人群中听着父亲慷慨陈词，她无法置之度外。1919年5月2日，父亲在

《晨报》上发表《外交警报敬告国民》，实际上成为引燃五四运动的第一颗火种。林徽因不会不知道，她的人生，已经被父亲的人生润色过了。

三天之后，邮船抵达法国，随后转道去了英国伦敦，短暂停留之后，父女俩在阿门二十七号租房住下。8月上旬开始，按照出访计划，林徽因跟随父亲游历了欧洲大陆。

他们到达的第一站是巴黎。到巴黎，埃菲尔铁塔是不可不看的景观。这座当时世界上最高的建筑，在设计方案刚刚中标的时候，就遭到了强大的抵制。有人说它像一个巨大的黑色烟囱，有人说盖到748英尺之后它将会轰然倒塌，还有"专家"宣称铁塔的灯光将会杀死塞纳河中所有的鱼，*New York Herald* 说铁塔正在改变法国的气候……著名小说家莫泊桑常常在铁塔的二楼用餐，原因是那里是整个巴黎唯一看不到铁塔的地方。

在接连不断的反对声中，铁塔的建造没有停止过一刻。塞纳河中的鱼一直活着，铁塔直到现在也没有倒塌，莫泊桑成了印刷在纸张上的文字，埃菲尔铁塔却成了法兰西的象征。巴黎人对埃菲尔铁塔的嘲讽，慢慢演变成了敬畏。

参观完埃菲尔铁塔和美术市场，林长民带着女儿从巴黎转战瑞士。8月12日他们到达里昂。这座位于法国东南部的大城市，是欧洲的十字路口，交通十分发达。他们来到里昂，是为了从这里进入瑞士。里昂本身也是一座有着悠久历史的文化古城，遍布着中世纪的建筑物和教堂，是一座"拥有一颗粉红色心脏"的城市。在全

第二章 零乱的花影

欧洲，除了威尼斯，这里是印刷工人数量最多的城市，第一本印刷版的法语书，就诞生在此。

瑞士的日内瓦是个令人着迷的城市，这里有着醉人的风光和多姿多彩的文化活动。其别出心裁设计的"花钟"，是该市的标志。花钟将花卉与钟表制造工艺结合起来，将机械藏在地下，钟面由翠绿的嫩草覆盖，代表时间的阿拉伯数字则由火红的花朵组成。匠人们随花期变化，给钟面和数字换上不同的植物，一年四季花开不败，绿草如茵。

位于日内瓦近郊的西欧最大湖泊——日内瓦湖，触动了林长民诗意的情怀。8月14日，他在日记中写道："罗山名迹，登陆少驻，雨湖烟雾，向晚渐消；夕阳还山，岚气万变。其色青、绿、红、紫，深浅隐现，幻相无穷。积雪峰巅，于叠嶂间时露一二，晶莹如玉。赤者又类玛瑙红也。罗山茶寮，雨后来客绝少……"

这"于叠嶂间时露一二"的"积雪峰巅"，应是阿尔卑斯山。环抱着日内瓦的，还有白雪皑皑的汝拉山。纯净不染烟尘的白雪，与同样不染烟尘的湛蓝湖水相互辉映，如仙境般超凡脱俗，难怪见多识广的林长民，也忍不住要在日记中写上几笔。在日内瓦行走，不仅眼睛是自由的，心灵同样可以展开翅膀。这里，是革新思想的庇护所。卢梭就诞生在日内瓦。这个地方，像海绵一样，可以吸纳任何一种思想。

从日内瓦进入柏林，那感觉，大概像一个诗人突然当起了会计吧。最恣意飞扬的情绪陡然一敛，严谨到近乎呆板的行事风格，正好中和了没着没落的浪漫。林徽因在柏林"庭球俱乐部"观看了中国运动员郑河先和德国运动员的比赛；参加了中国留德学会组织的欢迎会（林长民在会上做了演讲，并捐款2000马克）；游览了德意志Rotsdam皇宫；观看了德国歌剧JOSCA。

德国之行结束后，他们在比利时游览了四天，然后就返回了巴黎。这一次到巴黎，有个叫张君劢的人接待了他们。十六岁的林徽因无论如何也不会想到，在她百年之后，人们谈及她的故事，往往要不咸不淡地扯出这个男人的名字。扯出这个男人，并不因为她跟这个男人之间的故事，而是因为另一个男人。那个男人，曾是张君劢眼中的可琢之玉，是日后能成大器的，却早早地死于空难。但他即使走得那样早，也仍然在历史上留下了灼人的一笔，曾经让整个民国时期的文化界翘首以望。

这是否可以说明张君劢的眼光是准确的呢？可如果他的眼光真有那么准，又怎么会亲手把自己的亲妹妹送入那样一段不堪的婚姻？张幼仪的这段婚姻是不堪的。她之所以看上去没有那么狼狈，不是靠谁心慈手软的施予，而是全靠她自己一步三个脚印踩出来的。有些人从不喊痛，走在情感的刀尖上，从不出声。

林徽因跟随父亲与张君劢在郭节之寓所吃饭。徽因在厨房帮忙，颇得父亲赞赏。林长民日记有载："徽女、节之自烹饪豉油煮笋、红烧鸡，皆颇精美。徽女厨口两试，皆有好成绩。"不知林徽因在厨房做着"好成绩"时，有没有对张君劢格外留意。这个比她大十七岁的男人，在她出生那年便被南京高等学校勒令退学，原因

第二章　零乱的花影

是在上海参加了当时抗议俄国非法侵占中国东北的义勇队。退学之后，他经友人介绍进入湖南一所中学任教，其间有次讲到国际形势以及列强对华侵略，由于太具感染力，致使学生当场号啕，甚至有人晕倒在地上，可见其强烈的爱国热情和出色的演讲能力。

1920年的张君劢三十出头，正是年富力强之时，在国内具备了一定的影响力。林徽因对他，应该有一定的了解。再加上他是梁启超的支持者，跟林长民的接触可能比较频繁，在国内的时候或许已经跟林徽因见过。少女时代的林徽因有没有对张君劢高看一眼？如果有的话，那隐在他身后的那个妹妹，是否也会让林徽因另眼相看？当她得知那个以"吻火"般的热情与决绝追求她的男人，就是张君劢的妹夫时，心下作何感想？像张君劢这样有思想有抱负有能力的男人，会有一个非常平庸的妹妹吗？

所有的故事还未开篇，林徽因当前还只是一个尽力博取长辈赞赏的大姑娘而已。她在厨房和客厅之间穿行着，表现着得体的言行。日子像瑞士湖的水一般，安静、澄澈、美好。

二 试飞（2）

在巴黎又盘桓了几日，9月15号，父女俩回到了伦敦。这次旅行停留时间最长的就是法国和瑞士。林徽因喜欢巴黎的高贵和日内瓦的纯净，至于欧洲工业革命后出现的一家家工厂和报馆，她是无多兴趣的。林长民却认为，恰恰是这些地方体现了现代资本主义的生产方式和经营方式，可以给中国社会今后的改良做参考，故不可不观。

林徽因想得没那么远，但父亲说出来的话，她一贯是依从的。小时候她日日盼父亲，只希望从他写回的家信中，捕捉到跟自己对话的只言片语，如今有了机会日日相伴，哪怕他说出的话语再平凡，也像缀满了钻石般闪亮，何况林长民本是个锦心绣口的人。

说日日相伴，恐怕还是有些牵强。林长民忙于公务和应酬，常常顾不上女儿，林徽因总是一个人留在伦敦的寓所里。不是说好带

第二章 零乱的花影

她"近在我身边"的么?哪有多近?他又跑到别处去演讲了,又跑到"国际联盟协会"开会去了,又跑到哪个名流家里去了……她总是一天一天在寓所翻看着英文版的书刊。

要说"近",恐怕丁尼生、霍普金斯、萧伯纳这些人,离她倒还比父亲要近一些。"近在我身边"的乐趣,徽因没能享受够,父亲的"胸次怀抱",她倒是充分领略了。那永不停歇的忙碌,是父亲博大胸怀间不熄的火焰,她这个做女儿的,情感上便再有不足,也不能加以阻碍。她的孤独,只有温暖着她的壁炉知道罢了。

父亲常不在家,林徽因便经常跟着女房东一起外出。女房东是一位建筑师,最爱做的事,便是到剑桥一带去写生。那里有皇家教堂等画不完的各种建筑物。徽因坐在柔软的草地上,沐浴着舒适的阳光,享受着新鲜的空气,朦胧地萌生对未来事业的愿望。她也希望日后能够成为一名经常在外写生、考察的建筑师。

秋天即将拉开帷幕的时候,林徽因开始到圣玛利学院上课。学校距他们的租住地阿门 27 号只有两英里多路程,林徽因从小路走,穿过一个公园就到了。她一个人走在路上,情绪低落时,就会感觉深深的寂寞。可是她能说什么呢?入校那天,父亲和家庭教师 Phillips 一起送她,结果,林长民是所有家长中唯一的男性。这让徽因有些心疼。这心疼,让她只能去理解去接受,而说不出一句不满的话。这心疼,也让她的孤独,埋藏得更深更长。

有时候,她会误以为自己没什么孤独可言。生活多么热闹啊!父亲为她聘请了两位家庭教师,一位教钢琴,一位教英语。英文教师Phillips带着女儿就住在他们家里。她们彼此信赖,相互喜爱。连Phillips的亲戚,都喜欢上了这个乐观可爱的中国女孩。其中有个叫克柏利的亲戚,经营一家糖果厂,不时带糖果给林徽因吃。多年后,徽因仍然怀念那满口的可可余香。她清楚地记得,那些糖果加起来,足足装了三个大木箱呢!

除了这些具有日常气息的小欢乐,还有隔段时间就来一次的精神盛宴。林长民结交甚广,常有中外名流前来拜访。著名史学家H.C.威尔斯、大小说家T.哈代、美女作家K.曼斯菲尔德等西方名流,以及旅居欧洲的张奚若、陈西滢、吴经熊、张君劢、聂云台等归国后在各自领域皆有建树的有识之士,都常常是林长民寓所的座上宾。妻子不在身边,女儿实际上充当着主妇的角色。每天跟这些精英人物在一起,林徽因的社交生活,可谓高端、充实。再去强调自己的孤独,是否有些身在福中不知福的意味呢?

然而她真正是孤独的,甚至孤独到不能不哭。她一个人待在书房里,一天又一天。父亲到瑞士参加"国联"会议去了。伦敦的雨下个没完没了。她无精打采地翻着书,心神不宁地听着外面的雨声。底下楼层的厨房里飘来炸牛腰子和咸肉的味道,那是微弱却温暖的人间烟火气。她真想嗅着那味道,跟着那香味,投入到其乐融融的市井生活中去。可那是别人的生活,她只是一个外来者。

天色越来越暗,没有人叫她一起吃饭。她饿了,只能独自走到饭厅,独自给自己煮一杯牛奶,独自在面包上涂上黄油,独自流着眼泪一片片往下咽。她还是个孩子,坐在高大的椅子上,脚够不着地面，就那么晃荡着，刚刚及肩的两条辫子，也空荡荡地垂落着。没有人走过来拉拉她的头发，说上一句半句贴心暖肺的话。她一边吃着晚餐，一边咬着手指头哭泣。

在社交场合，她是仪态万方的林家千金。私下里，她只是个情窦初开的少女。和所有的女孩子一样，她渴望着遇见一些有趣的人，带着她做一些浪漫的事，最要紧的是，她渴望着有个人来爱。她幻想着有个聪明的年轻男人，推开门走进来，坐在她的对面，跟她讲一些有趣的事情，讲一些聪明的逗趣的话。

实际上是，她每天都跟一些叔伯辈的人在一起，每天都在欣赏着他们的高谈阔论，没有多少人会来好好地了解她的小女儿心态。她踮着脚，勉强够得着他们谈话的档次，也受到了所有人的认可。她确实学到了很多东西，可是内心的某一部分情感，却长久地缺失着。

她渴望对话，而不是一直一直倾听。她渴望着谈一谈她最感兴趣的话题，而不是一直一直在别人的话题里，偶尔插上一两句嘴。谁来打开她的窗户，从窗外跳进她的世界？她不想一直一直，不断地以浮光掠影的姿势，路过别人的窗口。

那些被强大的思想挤爆了脑袋的社会精英们，在林徽因看来，乏味得如嚼食木屑。没有一个浪漫的人，却扯出一大堆人事上的纠纷。这是一个自我意识觉醒之初的少女所不能容忍的。在她们的世界里，发现自身，认识自身，才是当务之急。而那些人谈的是什么呢？全是如何改良社会。社会在哪里？连自己身边人都不去了解，又如何去了解社会？

林徽因那时肯定不会懂，一个男人想要改变社会的心，就像一个女人想要感情抚慰的心，同样炽热，同样刻不容缓。

男人和女人，原本生活在不同的世界。直到那个如女人般懂得女人，如女人般呵护女人的男人出现，林徽因的世界，才与异性真正地开始彼此勾兑，彼此进入，彼此融合。

那个男人，出现在一个带着些寒气的雾蒙蒙的日子。秋意已深，挨过了大半个秋天的清冷，林徽因已经被雨水烦够了，被孤独浸透了。11月16日，那个叫徐志摩的男人，千里迢迢而来，推开她封闭了十六年的后花园，轻轻地，坐了下来。

他来了，从此没有真正地离开，哪怕死亡夺走年轻的生命，他也没有走，而一直在倾听她内心的回响。

他来了，她的生命篇章缓缓展开，日渐丰盈。

开头总是不经意的吧。他从美国转学到伦敦，为追随罗素而来。结果却在这里，遇见了她。上帝之手无处不在，当我们不辞劳苦地赶往某个目的地时，也许只是因为，上帝把那个注定要令我们怀念一生的人，放在了通往那个目的地的路上。

遇见了那个人，目的地都变得不再重要了。与之一生取暖，才是上帝之光的显现。

总有走不完的路、看不尽的风景、无法达成的人生目标……这一切都会如浮云般消散。只有爱过的那个人，深深嵌入了彼此的生命里。哪怕倾尽所有一无所获，也从未觉得被亏欠。

第二章 零乱的花影

他们简单地打着招呼。像所有初次见面的人一样,得体、合宜。他没有给她留下什么深刻的印象,他也没有格外留意她的言谈举止。他们在一起坐了很久,旁边还坐着张奚若和林长民。他一直在热烈地跟他们讨论着,而她唯一为他做的事,就是端上来一盘平常待客的茶点。

这份茶点,也不是专属于他的。

三 深笑

他的眼神慢慢在她身上聚焦，停留的时间越来越久。他看着她温婉的脸、娇俏的身材、低垂的发辫，听着她风铃一样清脆的笑声，间或发表一两句见解，那见解竟不像从这初中生般稚嫩的小女生嘴里说出来的，颇有些真知灼见。不知是第几次见面之后，或许只不过是第二次、第三次，然而他觉得隔了很久，见过很多次，两个人感觉那样熟悉，他发现自己渐渐被一种美好的感觉催眠了。聊着聊着，周围的一切都看不见听不到了，眼里无限放大的，只有那少女的一颦一笑、一个转身、一次拊掌。

这种感觉，大概就叫作着迷吧。

徐志摩对林徽因着了迷。率性如他，毫不掩饰地向林长民赞美，说徽因不仅是个漂亮的小姑娘，还是个可以对话的朋友。林长民不无骄傲地说："做个天才女儿的父亲，不是容易享的福，你得

第二章 零乱的花影

放低你天伦的辈分,先求做到友谊的了解。"

徐志摩本是个不受传统观念禁锢的人,辈分在他眼里,并没有特别重要的位置。他从未把林徽因当作晚辈,正如他从未把林长民当作前辈。

她略带一点儿福建口音的北京话显得柔媚,地道的牛津英语吐字发音带着音乐感。他喜欢听她说话,无论是说国语还是英语,都有着独有的小儿女情态。她思维活跃,见识丰富,对文艺作品的理解和悟性超出了年龄。林徽因与徐志摩时而深深共鸣,时而各抒己见,双方都有琴瑟相和之感。

只有他,会来倾听她细腻如春蚕吐丝般百转千回的少女之心。不,他不是一个被动的倾听者,他寻找一颗这样的心灵,已经很久很久了,好不容易遇见了,他是迫不及待地,想要走进去看一看。

他迫不及待,却又不敢造次。那颗心灵是如此稚嫩、敏感,他按捺着自己,放慢了脚步,呼吸极轻。

听她夜莺般朗诵诗句的声音:"My heart aches, and a drowsy numbness pains.(我的心在痛,困顿而麻木。)My sense, as though of hemlock I had drunk, Or emptied some dull opiate to the drains.(刺进了感官,犹如饮过毒鸩,又像是刚刚把鸦片吞服。)"

他接着她的声音:"One minute past, and Lethe-wards had sunk:tis not through envy of thy happy lot, but being too happy in thine happiness.(于是向着列斯忘川下沉:并不是我嫉妒你的好运,而是你的快乐使我太欢欣。)"

因为在林间嘹亮的天地里,
你呵,轻翅的仙灵,
你躲进山毛榉的葱绿和荫影,
放开歌喉,歌唱着夏季。
哎,要是有一口酒!
那冷藏在地下多年的清醇饮料,
一尝就令人想起绿色之邦,
想起花神,恋歌,阳光和舞蹈!
要是有一杯南国的温暖,
充满了鲜红的灵感之泉,
杯沿明灭着珍珠的泡沫,
给嘴唇染上紫斑;
哦,我要一饮而离开尘寰,
和你同去幽暗的林中隐没:
远远地、远远隐没,让我忘掉。
你在树叶间从不知道的一切,
忘记这疲劳、热病和焦躁,
这使人对坐而悲叹的世界;
……

这是济慈的《夜莺颂》。相传夜莺会死在月圆的晚上,在午夜零点时,飞上最高的玫瑰枝,将玫瑰刺入胸膛,然后发出高亢的

第二章 零乱的花影

声音,大声歌唱,直到心中的血流尽,将花枝上的玫瑰染红。这首诗写于1818年,济慈二十三岁,患上了肺痨。林徽因后来死于肺结核,也算是跟济慈有些同病相怜的意味。有天晚上,邻居家的树林里,飞来了一只夜莺,每晚不倦地叫着。济慈当时正处于病痛的煎熬和与爱人的热恋中,在蜜一样甜的爱情和夜一样漆黑的死亡阴影之中,他感觉自己像那夜莺一样,充满着激昂的渴望和悲愤的绝望,于是写下了这首诗。全诗一共有八节,八十多行。

这位二十五岁就早早离开人世的诗人,给后人留下了不少脍炙人口的大作。徐志摩和林徽因都非常喜欢这位出身卑微却有着王子般的高贵和浪漫的诗人。林徽因问徐志摩:"你听到过夜莺的叫声吗?"

徐志摩说:"济慈写的是一百多年前的事情。一百年前的伦敦跟现在大概有很大的不同。诗人们站在威士明治德桥上,可以在无烟尘的空气里深呼吸,可以望见田野、小山一直铺到天边。那时候的人更可能亲近自然,所以白天听得见满天云雀的歌唱,夜里听得见夜莺的啼鸣。我哪里会有这样的福气。"

林徽因说:"我忘了在哪本书里读到过,济慈有一次在写诗时低低地自言自语:'I feel the flowers growing on me.'(我感觉鲜花一朵朵开在我的身上。)这是多么奇妙的感觉和想象!"

徐志摩点头称是:"这的确是想象力最纯粹的境界。孙猴子能七十二般变化,诗的变化更是不可限量。莎士比亚的戏剧,至少有一百多个永远有生命的人物,男的女的、贵的贱的、伟大的、卑琐的、严肃的、滑稽的,其实都是他自己摇身一变变出来的。济慈、雪莱最通晓与自然和谐的变术。雪莱写《西风颂》时，不晓得歌者是西风还是西风是歌者；写《致云雀》时，不晓得是诗人在云端里唱还是云雀在字句里唱。同样地，济慈咏《忧郁颂》时，他自己就变成了忧郁的化身："忽然从天上掉下来，像一朵哭泣的云。"他写《秋颂》时，他自己就成了树上渐渐成熟的果子，或是稻田上静卧着的玫瑰色秋阳。"

林徽因听得入迷，何曾有人陪她聊过这样细腻的话题？她感觉自己身上有些跟济慈相近的东西，比如济慈墓志铭上写的那句话："Here lies one whose name was written in water.（此地长眠者，声名水上书。）"她觉得她懂，尽管她的生命才刚刚展开。

徐志摩是个善于调节气氛的人，见话题越往深处走，越发令人悲情，他便灵机一转，谈起中国一些艺术家想象力贫乏的例子："咱们元代的书画家赵孟頫，世人公认其善画马。据说他为了画马，自己在家里关紧房门伏在地上学马的各种样子。如其这个故事可信，那我们艺术家的想象就带出了粗蠢不堪的乡下人模样。"

林徽因忍不住笑出声来。她不记得有多久没有这样忘乎所以发自内心地笑过了。面前这位比自己大了七八岁的"小前辈"，真是个很不错的聊友。跟他谈话，既可以增长见识，又能得到戏谑和调侃的乐趣，于轻松愉悦间增长见识，且相互都能感应到彼此心灵最细微处。如此良朋，得之不易。

十六岁的年龄，身在他乡的孤寂，还有什么礼物，比这样一个男人更能满足她全方位的需求？徐志摩，大概是上帝送给林徽因跨入花季的一份厚礼。

四　那一春

徐志摩在《我所知道的康桥》中写道："我这一辈子就只那一春，说也可怜，算是不曾虚度。就只那一春，我的生活是自然的，是真愉快的！（虽则碰巧也是我最感受人生痛苦的时期）……说也奇怪，竟像是第一次，我辨认了星月的光明，草的青，花的香，流水的殷勤……"

这一春，就是他与林徽因认识之后的第一个春天。也是他满怀着诗性的浪漫，飞蛾般萦绕着林徽因的那个春天。

他们漫步剑桥，行走在蜿蜒的小河岸边，或者站在小水坝上，看着柔软的水草在碎银样的波光里舒展，长满青苔的石壁上，有着漫长光阴累积下来的古旧的阴凉，不远处的教堂里传出沉沉的钟声，一下下敲打在他们的心上。

伴随着他们的脚步，是那流光溢彩的交谈。他们彼此发现双方都是语言的天才,再乏味的事情,到了对方嘴里,也能被说得活灵活现,偶尔地讥诮几句,更是令听者回味再三。他们的对话,就像古堡里面的蝴蝶,有着厚重的底子,却轻巧而斑斓。

徐志摩不得不向自己承认,他爱了。在早些时候,他就已经知道,他是真的爱了,只是一直蒙混着自己而已,不愿意揭开来看个清晰。此时,那爱的苗子,已经自顾破土而出了,无须他去揭开什么,所有人都看得明白,所有的物事虽然没有眼睛,却也早已明白,他是真的爱了。那小河里的水草,黄昏的夕阳,绚丽的蔷薇花,波光闪闪的拜伦潭……它们都知道,它们早已知道,他是真的爱了。

她呢?按说也应该是知道的吧?偏偏他这深谙女人心的人物,猜得透雨后彩虹的心,却唯独猜不透她的心。

她爱吗?她懂不懂他的爱?

无论如何,他是要告诉她的,告诉她这予人火样的力量,又能将人折腾的热情,告诉她这世间最美妙的情感。

他的情感,呈爆炸式的方式,向她倾泻而出。十一月底,他向她告白了。

他那长长的情信里写了些什么,目前已经无从得知。以他一贯的做派,该是烫得人眼睛不敢直视的吧,该是有着无数像夏日萤火虫般晶亮的浪漫片段吧,该是满足得了一个少女所有关于爱情的幻想吧。

这些滚烫、浪漫、幻梦,她都收到了。

第二章　零乱的花影

她收到了。

就像，一片海绵，收到了一滴水。

海绵接纳了水滴。水滴让海绵具有了更丰盈的生命。

也许，一滴水，很容易能够想象得到，自己如何进入一片海绵的世界。但一片海绵，却很难去想象，自己怎么进入一滴水的世界。

我们不是海绵，我们也不是水，很难去预测彼此的心态，只能以常识加以判断。她对待他，大概也像这海绵对待水滴一样，无以为报吧。于是她在这段感情上，始终保持着不明确的态度，唯一为他所做的，就是让自己的生命更加丰盈光彩。

做一个值得爱的女人，不枉他热爱一场。不让他的爱，落入尘埃。

如白莲般在水中央，这是林徽因呈现给徐志摩的姿态。就连婉拒的信，都是林长民代写的：

志摩足下：

长函敬悉，足下用情之烈，令人感悚，徽亦惶恐不知何以为答，并无丝毫mockery（嘲笑），想足下误（解）耳。星期日（十二月三日）午饭，盼君来谈，并约博生夫妇。友谊长葆，此意幸亮察。敬颂文安。

弟长民顿首
十二月一日
徽音附候

徐志摩收到这封信,不知是否诧异。如此富有主见的林家长女,怎么倒是让父亲代起笔来了?毕竟是小姑娘,没什么恋爱经历,虽然表面成熟,面对感情难免慌乱,何况他又比她大这么多,算得上半个长辈,她不敢造次以对,也情有可原。徐志摩那样爱她,自然能够理解她此种行为。只是,他面对老友的笔迹,或许会有片刻的不自在。这不自在,必然也是短暂的。他一向率真磊落,既然爱了,自然是觉得,这份爱美好而伟大,并没有半点阴暗之处,因而也没什么好遮掩的。

徐志摩回复林长民的信,已经佚失了。从林长民收信之后的回复可以看出,那封信,徐志摩的态度应该是恳切而洒脱的,也可以看出他暂时收起了炽热的情感:

志摩足下:

得昨夕手书,循诵再三,感佩无已。感公精诚,佩公莹洁也。明日午餐,所约咸好,皆是可人,咸迟嘉宾,一沾文采,务乞惠临。虽云小聚,从此友谊当益加厚,亦人生一大福分,尚希珍重察之。敬复

长民 顿首
十二月二日

这顿饭,无论如何,徐志摩都是要去吃的,以做"友谊当益加厚"的佐证。当然,志摩心中未必作此想,大约也是怀着一颗赤子

之心，坦荡荡热情赴约，尽展绅士风度。

在这个故事背后，还有另外一个女人，张君劢的妹妹张幼仪。是的，徐志摩爱上林徽因的时候，是张幼仪的丈夫，且是一个孩子的父亲。

徐志摩跟张幼仪的感情，并非受林徽因的影响。在他看来，这本不是一段应该存在的婚姻。他是个向往恋爱自由的人，偏生接受了一份父母之命媒妁之言的婚姻。这段婚姻对他的困扰一直存在，他早已跟张幼仪说过，他是一定会离婚的。

就在他对林徽因热情渐长的时候，张幼仪带着儿子阿欢到英国来伴读，前去码头接应的他，一眼看到久别的妻子，愈加感觉两人一个天上一个地下，完全不是一个世界的人。纯粹为了尽到一个丈夫最基本的义务，他为妻子安置好了住处，自己却想方设法地逃离。

没有林徽因，徐志摩也一定要离婚的。在他的理想中，"于茫茫人海寻访我惟一灵魂之伴侣"，是爱情的最高境界，他还有着"得之，我幸；不得，我命"的大无畏精神。

张幼仪想借着腹中胎儿，来挽留徐志摩的脚步。她明知道，留得了一时，未必留得住一世，却还是忍不住，以此做了筹码。没想到，他会冷漠至斯。这个和颜悦色风度翩翩的男人，面对感情时，有着超凡的热情，同样有着不可理喻的冷酷。当妻子跟他说流产手术容易危及生命时，他竟毫不犹豫地回答，坐火车也会死人，难道就不坐车了？这句话能让一个女人的心，直接堕入地狱。如果张幼仪在婚姻中原本就犹如置身地狱的话，那听完这句话，应该堕入了地狱的第十八层。她还有什么可想的呢？也没必要再去想什么了。

并不是所有人都像他一样，为了爱和自由，可以抛舍身家性命。如果那个怀孕的人是徐志摩本人，他也一定会冒着生命危险，拿掉腹中胎儿，追寻爱神而去。可是，那只是他个人的人生观。当他把个人的追求强加到另一个并没有这种想法的人身上时，这种极度的自我，是不可宽恕的。

在张幼仪眼里，丈夫大概只是个任性的孩子罢了。终其一生，她对他，并没有过多的怨恨。她独自把这个孩子生下来了。虽然生下不久，孩子就悲剧地夭折了，可她毕竟把那个幼小的生命带到了人间，看了一眼这人世的阳光。

写给张幼仪的离婚信里，徐志摩这样说：

真生命必自奋斗自求得来！……彼此有改良社会之心，彼此有造福人类之心，其先作榜样，勇决智断，彼此尊重人格，自由离婚，止绝苦痛，始兆幸福，皆在此矣。

在他眼里，妻子就是他通往幸福之路的最大障碍，是他人格不得以完全独立的最大阻挠。只有离了婚，他才能去追求自己真正的生命。他还发动妻子和他一起，牺牲自己的婚姻，为天下人作表率，希望大家都快快从无爱的婚姻中解脱出来。作为中国有史以来第一对正式离婚的夫妻，徐志摩和张幼仪的离婚，确实起到了表率的作用，也算是达到了志摩所想"改良社会、造福人类"

的目的吧。

徐志摩想做一个彻头彻尾的"新"人，彻头彻尾的"真"人，像他那样的人，同时代寥寥，现代社会也不多。他认为对林徽因的爱，是他自我情感的真实觉醒，是新时代的人道主义精神，是冲破伪道德的真道德。而林徽因，一年半的欧洲之行，不足以将她从前院后院的成长环境中连根拔起，回到中国，她仍然是林长民第一个姨太太的独生女，她有她的使命。

林徽因在写给胡适的信里，就曾说过"我的教育是旧的，我变不出什么新的人来"这样的话。

说感情，她对他，未必不够深刻。说爱情，她也许尚未完全明白。她心中所想的，大概更多是他已有妻室的事实。早年的家庭战争，是林徽因心底最沉重的伤痛，她怎么能容许自己再走进这样一个人事纷杂的家庭？

林徽因离开伦敦时，没有向徐志摩告别。

五　吻火

爱上林徽因的男人，不是一般的男人。

梁实秋这样描绘徐志摩：

我曾和他下过围棋，落子飞快，但是隐隐然，颇有章法。下了三五十着，我感觉到他的压力，他立即推枰而起，拱手一笑，略不计较胜负。他就是这样的一个潇洒的人。他饮酒，酒量不洪，适可而止。他豁然，出手敏捷，而不咄咄逼人。他偶尔也打麻将，出牌不假思索，挥洒自如，谈笑自若。他喜欢戏谑，从不出口伤人。他饮宴应酬，从不冷落任谁一个。他偶涉花丛，但是心中无妓。他也进过轮盘赌局，但从不长久坐定下注。（梁实秋《回首旧游——纪念徐志摩逝世五十周年》）

第二章 零乱的花影

梁实秋本人的婚姻由父母包办，夫妻情深，在这一点上来说，他对于勇于冲破封建婚姻牢笼的徐志摩，谈不上羡慕，也谈不上多么反对。再加上他主张思想独立不依附潮流，所以也不存在刻意美化或者丑化徐志摩的动因。我认为他的看法，应该是客观中立不带私人偏见的。他字里行间传达出的对徐志摩的欣赏，是他最真实的感受。

郁达夫的个性和梁实秋迥然不同，素来狂放中带着阴郁的他，也十分欣赏徐志摩：

尤其使我惊异的，是那个头大尾巴小，戴着金丝眼镜的顽皮小孩，平时那样的不用功，那样的爱看小说——他平时拿在手里的总是一卷有光纸上印着石印细字的小本子——而考起来或作起文来却总是分数得的最多的一个。（郁达夫《志摩在回忆里》）

徐志摩自己评价自己：

我是个好动的人，每回我身体行动的时候，我的思想也仿佛就跟着跳荡。（徐志摩《自剖》）

总的来说，徐志摩予人的印象是活跃、纯粹、聪明、豁达、洒脱的。这样一个令人欣喜的人，要是对某个女性，施展出他那惯有的，如火的热情和绵蜜的柔情，几人能够逃得过去？就算不沦陷，也难免有刹那的心动吧？

　　初次与男性如此贴近的林徽因，在某些个瞬间，会不会像初恋少女那样，满心充溢着不可遏制的欢喜，被陌生的眩晕感和强烈的莫名冲动所控制？如果林长民没有果断地将她带离欧洲，接下来还会发生什么？

　　林徽因走了，徐志摩还得继续未完的学业。

　　他一个人待在康桥，在星光下听水声，在附近的小村庄里听倦牛刍草声，在宁静的晚上听远处的钟声。他在感受，在思考，在像牛一样反刍。大自然的优美、谐调，在星光和波光的默契中不期然淹入了他的性灵。他是更坚定了，向着前面闪耀着"爱""自由""美"的方向进发。

　　他竟没有被林长民的提醒、林徽因的回避，浇灭了热情。他竟没有，一个人在他乡感受到孤旅的忧伤，爱情之无望。他每日浸润在那"美好"中，且将那美好，看得更加明白清楚。不得不说，这是一个心中只向着光明，无暇顾及暗处阴影的人。只要向着光明飞奔，阴影终将被甩在身后。他是这样想的吗？

　　与林徽因的小别，让徐志摩更加坚定了要继续追求的决心。如果说林长民的短信，曾经让徐志摩有所顾忌的话，经历了独自在康桥的这段思索期之后，他已经完全将林长民的态度置之度外了，只等着学业结束，继续追随林徽因而去。

　　不仅在感情方面，徐志摩在学业上，也是飞蛾扑火般，只向着心中的灯塔飞翔。他出国留学第一站，到的是美国。怀着一颗实

第二章 零乱的花影

业救国的野心，想做中国的汉密尔顿，成为兼通经济的政治家。去美国的路上，他写过一段自励的话："方今沧海横流之际，固非一二人之力可以排橐而砥柱，必也集同志，严誓约，明气节，革弊俗。"铁骨铮铮，热血男儿。

到美国后，徐志摩一度钻研社会主义，留意民生疾苦。他先入克拉克大学学习银行及社会学，毕业后又入哥伦比亚大学经济系攻读硕士学位。在他的努力之下，与理想的距离一步步靠近了，他却突然一个转身，决定放弃。经过两年的苦读苦熬，徐志摩厌倦了美国，厌倦了围着学分转的美国教育。压倒人性的实利主义和冷漠喧嚣的大工业文明，一点都不对他的胃口。他决定丢下唾手可得的博士学位，丢下"中国的汉密尔顿"的梦想，前往伦敦追随罗素。

徐志摩就是这样的人，但凡他不想要的，在外人眼里再珍贵，在他眼里也不值一提。但凡他看重的，哪怕跋山涉水，再多辛苦，也在所不惜。只为亲吻到精神世界中最为明亮的那颗火种，他可以丢下一切，哪怕，与那火种融为一体，变作那火焰本身。

徐志摩是向着伯兰特·罗素这颗耀眼的火种飞扑而来的，可惜他到达伦敦时，罗素却因为在战时主张和平，再加上离婚事件，被剑桥三一学院除名，远赴中国去讲学了。徐志摩只能暂入伦敦大学政治经济学院，攻读经济学博士。不久之后，他结识了著名作家狄更生，在他的帮助下，获得了剑桥大学特别生的资格，可以随意在剑桥大学的各个学院选课听讲，后来转为正式研究生。

他来到这里，也许只是为了遇见她。他的另一颗，看上去不像罗素那么耀眼，却将照彻他整个人生的明星。徐志摩到伦敦不久，在一次聚会上认识了林长民，两人一见如故，很快成为无话不谈的好友，还玩起了角色扮演互写情书的游戏。徐志摩惊讶于林长民"清奇的相貌，清奇的谈吐"，"满缀着警句与谐趣"的谈话，对人生有着"锐利的理智的解剖和抉剔"。徐志摩生平最"厌恶的是虚伪、矫情和顽老"，林长民身上，显然没有任何一点让他讨厌的地方，只有一个个的惊喜。

在徐志摩看来，林长民"进而思政事有成，退而求文章千古"，是个"书生逸士"。从他对林长民的一番褒奖中，可以看出他会爱上林徽因，并非意外。徽因性格里，原本就有许多跟父亲相通的东西，尤其是她那"满缀着警句和谐趣的谈吐"以及对人生"锐利的理智的解剖和抉剔"。

也许一切都是上天注定，当他从美国启程向着英国大地飞奔时，这片土地上放射出的神奇异彩，就将他一步步引领着，引向罗素，引向伦敦大学，引向狄更生，引向剑桥大学，引向林长民，最终，是为了将他引到她的身边。——看，这里，有一簇小小的火苗，她的光芒还没有那么强大，不能强大到，让你在美国遥遥相望，但她会全程地，在你的生命中闪耀。

徐志摩中途改道到英国求学，显然会掀起家里的轩然大波。徐志摩的父亲徐申如是浙江海宁颇有影响力的富商，在当地经营多种产业，任海宁商会会长，声名播及省外。父亲希望志摩子承父业，送他去美国留学，准备为他进入金融界打下学业基础。来美之初，父子俩的心愿还比较一致。时间一长，徐志摩就"将在外军令有所不受"了。放弃美国的博士学位，只是他扔给徐申如的第一个炸弹。

接下来，他的兴趣点，一步一步地，慢慢转向了文学艺术。特别是跟林徽因的感情出现一些纠葛之后，徐志摩几乎找谁了自己的人生定位，他将是一个"倾向于分行书写"的人了。是的，徐志摩慢慢看出自己的诗人本质。这跟徐申如的期望，简直可以用八竿子打不着来形容。

炸弹一个接一个扔过去，其中最令徐申如绝望的，大概还是徐志摩与张幼仪的离婚。至此，儿子完全行走在了父亲为他预设的所有框架之外。当然，自由总是要付出代价的。

六　独　航

离开美国之前，徐志摩的人生轨迹，都是按照徐申如的安排，踩着父亲设定好的节奏前行。即便有所不满，也最多是腹诽几句，夜空下看几回月亮，就把那多余的情绪排泄干净，依旧是父为子纲。

与张幼仪的婚姻，徐志摩一开始就是不乐意的。这不乐意，也就是暗地里几句嘀咕，并没有上演过什么离家出走、以死相抗的闹剧。在徐申如那方面，大概并没有感受到儿子对这门亲事的反对有多强烈。在志摩自己这方面，完善的世界观还未形成，大概也尚未意识到这不乐意的严重程度。

徐志摩和张幼仪的婚事，是幼仪的哥哥张嘉璈保的媒。徐志摩在杭州一中读高中时，张嘉璈前往学校视察，看到徐志摩的国文考卷，赞赏不已。回去之后，张嘉璈即征得家人同意，托人向徐申如求亲。徐家在经济上已经有了相当丰厚的积累，当务之急最需要来自政界的支持。当时张嘉璈是浙江都督朱瑞的秘书，张君劢也具有一定的社会地位，这份亲事对徐申如来说，当然是求之不得的。

可惜娶张幼仪的不是徐申如，是他那从小就有些古怪想法的儿子徐志摩。张家送来幼仪小照时，志摩竟脱口而出，说了句"乡下土包子"。

说张幼仪土，也只有徐志摩这见识过太多洋女学生的富家公子哥儿能够说得出口。张家是上海宝山县的巨富，幼仪也曾在江苏省第二女子师范学校读过三年书，再怎么不济，也土不到哪儿去。从现存的张幼仪照片来看，怎么也算得上穿着得体，长相端庄，徐志摩说她土，那是把标杆竖得太高了。

以张家强大的经济实力和政治地位，不嫌徐家高攀就不错了，他们大概万万没有想过，徐志摩竟然会看不上张幼仪。二哥张君劢和四哥张嘉璈对徐志摩青眼有加，张幼仪自小敬重两位兄长，自然相信他们的眼光。更何况，幼仪是那样一个恪守妇道的人，长兄安排的事情，她便只有顺从，从来没想过要去抗拒。为了跟中学毕业的徐志摩结婚，张家令幼仪中途辍学，停止尚未结业的师范教育，做起了徐家的少奶奶。徐志摩因此更加看不起张幼仪，认为她没有主见，任人摆布。

他或许忘了，在这份不愿意接纳的婚姻面前，他也没有表现出太多的反抗，要说任人摆布，他也不过是一颗没有主见的棋子。幼仪的顺从，还有些无知的成分在里面。毕竟那时她只有十五岁，还是个半大的孩子，对爱情，对婚姻，算不上有多少见识，对徐志摩本人，她也并没有多少不满。而志摩呢？他已经有了朦胧的爱情观、婚姻观，他也有了基本自立的能力（徐志摩比张幼仪大四岁，那时将近十九岁），更何况，对张幼仪本人，他是强烈嫌弃的。在这种情况下，他都没有站出来，勇敢地阻止这段注定失败的婚姻，又凭什么以此来看不起妻子的守旧？

同为旧式婚姻的受害者，他们本该是同盟军，却没能培养出同仇敌忾的阶级感情，在徐志摩眼里，张幼仪始终是低他一等的。她没有出众的相貌，没有开放的思想，没有受过正规的教育，狭窄的思路天天围绕着三纲五常打转。徐志摩有时恨不得撬开她的脑袋，把他的新思想、新见识，像做手术一样，缝进她的大脑皮层里。可是她总是那样静静地听着他高谈阔论，然后不失时机地，递上来一杯温热的茶。握着这茶杯，徐志摩不知道该是感谢，还是悲愤。

他想尽量温情地对她，就算做不到一个爱人的多情，至少像兄长般爱护吧？他努力过，终究还是做不到。他想伪装出平等，却掩饰不住地烦躁、嫌弃。他进进出出，只觉得房子里莫名多出这么个人物，碍手碍脚得很。

在他的耐性耗尽之前，所幸，父亲安排他赴美留学了。离开家，离开那个名义上的妻子，离开莫名其妙多出来的孩子，离开混乱的中国，到那自由的远方去寻找解救祖国的良药。徐志摩激情满怀，斗志昂扬。

这时候，只要有一缕清风拂来，他身上所有的羽毛都能张开。

辽阔的海洋，荡涤着他那压抑太久的情绪，一扫心中所有郁积，他觉得干干净净了无牵挂，完全忘记了身上担负着丈夫和父亲的责任。

他是一定要离婚的，这话徐志摩对张幼仪说过很多次。1920年11月，从美国转到伦敦不久的徐志摩给家里写了一封有些奇怪的信，信中说：

儿自离纽约以来，近两月矣！除与家中通电一次外，未曾得一纸消息。从前　媳尚不时有短简以慰，比自发心游欧以来，竟亦不复作书，儿实可怜。大人知否？即令　媳出来事，虽蒙大人概诺，犹不知何日能来？……

言下之意，似对妻子前来颇为盼望。徐志摩是孤独日久，期望早日与妻儿相聚，还是将妻子骗到国外来离婚？其真实想法，外人不可揣测。我们唯独可以想见的是，久居家中的张幼仪读到这封来信，定是满心欢喜。

徐志摩说叫张幼仪到西方国家来增长见识，而实际上，自码头将妻子接回，把她安顿在离康桥六英里外的沙士顿租住屋里后，他便扬长而去。每天清早，徐志摩坐街车，或者骑单车，前往康桥皇家学院听课，尽日方归。张幼仪在家料理一切事物。虽然徐志摩为妻子请了英文老师，但身处沙士顿的张幼仪，感觉比在硖石还要更加地孤单封闭。

或许徐志摩期待着妻子能够自己走出去，寻找属于自己的天地。他还太年轻，没有强壮的肩膀来扛起另外一个人的生活，甚至根本没有为她去扛的意识。他是新时代的新型人类，在他的认识里，每个人都有属于自己的翅膀，要去寻找自由翱翔的蓝天，他没有为另外一个人安排生活的习惯。

张幼仪偏偏是一个自小被父母安排、被兄长安排、被公婆安排的旧式女人，她只知道丈夫让她做什么，便把分内的事情做好，逾越此外的事物，都不在她考虑的范围内。再说，徐志摩给她的时间，也确实太少了，到英国不过几个月，便认为她完全不能融入到新生活中去，彻底失望之下，提出了离婚的要求。

如果张幼仪一到英国，便呈现出独立自强的一面，积极寻找属于自己的位置，哪怕置徐志摩的饮食起居于不顾，只要她能绽放出新的光彩，徐志摩大约不会如此决绝弃她而去。

一个女人想要抓住一个男人的心，终归还是要吸引他，不能一味地迁就。尚未经历人生磨难的二十一岁女人，哪能悟到这个道理？她只知道，满足了他所有的要求，他就应该知足了。她不知道，有一种最大的不满足，就是得来全不费功夫。如果她身上有着强烈吸引他的光芒，哪怕后面藏着再多瑕疵，都会被那光芒掩盖。相反地，就算她身上什么瑕疵都没有，唯独缺少那光芒，一眼望去，也只不过是一片暗淡的阴影。离婚之前，徐志摩是看不出张幼仪有什么优点的。

他那"挥一挥衣袖，不带走一片云彩"的洒脱，大概只对张幼仪用过。提出离婚未得应允，徐志摩毅然出走，将妻子一个人撇在沙士顿。产期临近，张幼仪无法，只得写信给二哥张君劢求助。此时张君劢身在法国巴黎，距离他在此接待林徽因父女不过一年多的时间。当他得知妹妹的情敌，就是当日那在郭节之寓所做红烧鸡的小女孩，不知心头何种滋味。

张幼仪到巴黎投靠二哥，之后随兄去了柏林，产下次子彼得。徐志摩此间从未露面，只有催办离婚手续时，才追到柏林，逼着产后不久的妻子签字。

接到徐志摩写来的离婚信时，张幼仪辛酸地反问，徐志摩说要有"造福人类之心"，他是从哪里看得出来，她有这样的能力？她什么时候表现出来过，她有这样的潜力？

徐志摩完全将一己之心，强加给不谙世事的年轻妻子，还口口声声说"彼此有改良社会之心""彼此尊重人格""彼此前途无限"。所谓的彼此，无非是他个人极端的想法而已。她从来就不是那个他想要的孤胆巾帼，直到他把她逼上这条孤身闯荡的绝路。

张幼仪把出生不久的孩子留在医院，只身前往会见徐志摩，洽谈离婚事宜。当时在场的还有吴经熊、金岳霖等人，在张幼仪眼里，这些人，都跟她不是一个世界的。

她坐在那儿，举目无亲，虽丈夫近在眼前，却真正是举目无亲。她身处一个陌生的国度，站在几个陌生人面前，面对陌生的丈夫，谈论一桩陌生的事件——离婚。她是没有把握的，于是对徐志摩说："你有父母，我也有父母，如果可以的话，让我先等我父母批准这件事。"徐志摩急躁地摇头说："不行，不行，我现在没有时间等了，你一定要现在签字……林徽因要回国了，我现在非离婚不可。"（张邦梅《小脚与西服》，谭家瑜译，黄山书社2011年版）

张幼仪无奈地在协议上签了字。"'好了'，我签了四次名字以后轻声说,然后打破室内的沉寂,以我在我们新婚那天没能用上的坦荡目光正视着他说,'你去给自己找个更好的太太吧!'"(文中的"我"指张幼仪,见张邦梅《小脚与西服》)

签完协议之后,徐志摩才随张幼仪到医院看望出生不久的孩子。张幼仪回忆说,他"把脸贴在窗玻璃上,看得神魂颠倒,他始终没有问我,要怎么养他,他要怎么活下去"。徐志摩选择签订协议后,再去看望孩子,大概是怕见了亲生儿子动摇离婚的信念。这种做法,该说他意念坚定呢,还是批判他冷漠无情?

夫妻分道,各自独航。徐志摩那边厢欢天喜地叫嚣热闹,在《新浙江》副刊上发表了《笑结烦恼结》一诗和《徐志摩、张幼仪离婚通告》。

如何!毕竟解散,烦恼难结,烦恼苦结。
来,如今放开容颜喜笑,握手相劳;
此去清风白日,自由道风景好。

听身后一片欢笑,争道解散了结儿,
消除了烦恼。

他"容颜喜笑""风景好"的时候,有没有想到过张幼仪,甚或,有没有想到对他高看一眼的张君劢,有没有想到他的老父亲徐申如?这笑,这风景,却叫人如何评价才好?

七　初爱

一个人离开故土太久，容易在恍惚间产生错觉，以为跟故乡的一切都已经割断关联。直到重新踏上那块土地才会发现，走了那么远，心灵其实一直被无数隐形的线牵扯着。当这些线以具体的人和事的关系显现出来，漂泊的灵魂才有了稳定感。

林徽因回到了中国，回到了培华女中，回到了何雪媛和程桂林的复杂关系里面，回到了众亲友的殷切目光之下，回到了林长民和梁启超坚固的朋友感情和政治感情当中，也回到了那个并不强硬却无处不在的婚约当中。

她甫一回国，便迎来了梁思成的探望。这个生性爽朗的青年男子，给了她与徐志摩完全不同的感受。如果说徐志摩是风云变幻的天气，时而如骄阳般炽烈，时而如秋雨般缠绵，那梁思成则是恒久不变的温室，总是维持适宜的舒适度。

被耀眼的阳光晃花了眼睛，被连绵的雨水湿透了心情的林徽因，此时正需要一份安宁的舒适。梁思成的到来，让她混乱的思绪得到了休整。她喜欢跟他相处，两个人坐在一起，安安分分地聊着天，分享着彼此的见识，没有大起大落的情绪，偶尔闪现的小机智像夜空里一点两点的星星。跟他在一起，一切都是明朗的，看得见未来久远的希望。

何雪媛对梁思成也是非常满意的。自然满意，她自己只是一个不得宠的继室，女儿能够攀上这门亲事，也算是为她打了一个漂亮的翻身仗。她这辈子算是完了，再怎么挣扎，在林家也是个可有可无的角色，只盼徽因的荣耀能够有些余光照到她身上，别人在关注女儿的同时，顺带着看一眼她这无能的母亲。否则的话，她就像一件被大宅门废置的旧家具，只等着余生一个个空虚的日子，像一粒粒灰尘，慢慢把她掩埋起来。

梁思成一来，何雪媛便要吩咐厨房精心准备几个他爱吃的菜点。看着一对年轻人凑在一起像两只小鸽子般咕咕噜噜聊个没完，何雪媛便有一种岁月静好的感觉，前半生所受的种种屈辱，也能暂时地得到抚慰。这桩婚事若能够成功，她的后半生便有所依靠了。那段时间，北京景山后街的雪池林寓，总是充满祥和的气氛。

如果说此时的林徽因对梁思成有着多么热切的爱情，那倒还谈不上，她只是感受到一种和谐、宁静之美。在被徐志摩追求的时候，一大家子简直像一锅被烧开了的水，父母的忧心自不待言，连几个姑姑都跟着操碎了心。她们无论如何也不能想象，林家的大小姐要嫁给一个离异的男人，那男人还有一个儿子（事实上在一段时期内，是有两个儿子）。她们言辞激烈地给林长民写信，传达整个家族的意志，谨防徽因年幼糊涂，一脚踩歪，毁了自己的人生。

梁思成所受的待遇，跟徐志摩截然相反，他和林徽因的交往，是受到大多数人祝福的。就算爱情的种子还未发芽，这许多的祝福，也是徽因极度向往的吧。她从小生活在左右为难的处境之下，终于有了一件事情，是能够让大家一致满意的。

梁思成约林徽因去太庙游玩，她低头矜持地想着心事，一转眼的工夫，居然不见了他的人影。待她四下寻找时，却看到他已爬到树上，在苍松翠柏间对她爽朗地笑着。这是他们第一次单独约会，徽因的脑海里还有着徐志摩浓重的影子，梁思成这调皮的举动，冲淡了她的思念。日后每每回忆起这一幕，林徽因总是面带微笑，眼神里流露着欣赏的神色。这一刻的开怀，能够保持那么多年，可见她当时的欢喜是刻入了内心深处的。

除了擅长体育，梁思成还爱好音乐。在清华读书的时候，他担任清华乐队的指挥。两个年轻人的交往，自然免不了彼此参与到对方的生活中去。乐队演出的时候，思成邀请徽因和她的表姐妹们前往观看。当她们如约赶到时，只见他全身披挂站在舞台上，那隆重的装扮跟他平时的样子判若两人，姑娘们忍不住吱吱咯咯地笑了起来。

这才是真正的人间四月天，简单、明朗、愉悦。林徽因的心慢慢沉淀下来。他们开始畅谈未来，想到清华毕业之后的专业选择，梁思成征求林徽因的意见。年纪小着几岁的徽因，在这方面比思成更有主见。她说，她以后准备学习建筑。那时候建筑学在中国还未起步，梁思成不是十分明白，他觉得有些奇怪。

"建筑？"思成说，"你是说 house，还是 building？"

徽因笑着说："更准确地说，应该是 architecture 吧。"

她讲起在欧洲时关于建筑的见闻，那些"凝固的音乐"和"石头的史诗"，既有诗意的美感又有科学的严谨。他听得饶有兴味，几乎是立刻决定了要把这门"包括艺术和工程技术为一体的学科"当作自己日后的学习方向。可以说，林徽因是梁思成事业选择的引路人。虽然那时他们的想法，还带有一定的盲目性，但是由于双方对美的特殊感受力，又都有着不错的美术功底，再加上将爱情和事业的方向达成了高度的统一，这个年轻时略带盲目的想法，最终被他们一点一点地实现了，变成彼此终身的事业。

就在两个年轻人享受着轻松自然的交往之时，徐志摩回国了。林徽因的离开，促使徐志摩倾向于"分行的书写"，此时的他，已经是具有一定影响力的知名诗人。

徐志摩当然知道梁思成和林徽因的事情，他的勇猛奔赴自由的心，让他无法接受这所谓的既成事实，更何况，在他看来，只要心中有爱，一切束缚都是可以被瓦解的。人世间除了爱，没有什么东西可以令他屈服。他是不认命的。

在清华大学做《艺术与人生》的演讲时，有一段话，可以表明志摩的心迹，他说："人生与欢乐的根本，想象的能力，这些自然的泉流遭到了无情的阻截，我们世间的生存还剩有的显然十分可怜了。人生的贫乏必然导致艺术的贫乏。"他是要把他现实的人生和艺术的人生,真正融为一体的。他是要用他真实的人生去实践他的艺术理论的。

　　徐志摩敲开了雪池林寓的大门,在林、梁两家琴瑟相和的音乐里,加入了一个不太谐调,却颇为强劲的音符。

八　抉择

　　站在林家后院那两棵知名的梧树下，徐志摩不是一个单薄的第三者的姿态，他头顶有着灿烂的光环，身后有着厚重的背景。诗歌创作丰盈了他的生命，使他的浪漫与名气比翼齐飞，大量的社会活动拓展了他作为一个诗人的影响力，事实上他不仅是一个激昂文字的知识分子，更是一个社会活动家。这一切，使得徐志摩到林家的探访，显得那么自然而然。他的到来，于情于理，都是应该受到欢迎的。

　　林家当然给予了他应有的礼遇。大门打开，林长民在客厅周全招待，林徽因一如既往地亲手为他备上茶点，弟弟妹妹们猴子般推推搡搡围着嬉闹……徐志摩纵情谈笑，仿若未经世事的少年。所有的心痛，只能深埋在佯装的欢乐背后。

　　分开的日子，他每日把自己投入书堆里，投入书写间，投入

第二章 零乱的花影

一个接一个的演讲里面,投入东奔西走的活动中……他的心却一直在这里呢!她在哪里,他的心便在哪里。他来到这里,仿佛回到了家。这个家,却不是他的家。他觉得舒适、自在,比在自己家里还更有归属感。他的归宿,居然放在别人的家庭里面。

徐志摩已然忘了,林家不是徐家。一有空闲,他就到林家造访,一如在伦敦时,他一有空,便要出现在阿门二十七号的壁炉边。

他忘记了很多东西,每日追随着林徽因的足迹。北海公园快雪堂松坡图书馆是林徽因和梁思成常去的地方,徐志摩便也追寻而去。有一次梁思成实在觉得不堪烦扰,便在图书馆门上贴了一张纸条,大书"Lovers want to be left along"。志摩见了,不得不悄然退出。

一方面,徐志摩对林徽因的苦恋,在国内已经是众所周知的秘密,掀起了不小的风波,成为人们茶余饭后的谈资,而林徽因一直保持着缄默的态度;另一方面,梁思成对林徽因的追求,却是众人拾柴火焰高。双方家长认定了二人的婚约,林长民主动向梁启超提出欲即订婚的想法,且在女儿生病期间,为其代笔向未来的准女婿写信报告情况。两份感情,输赢已定,明眼人一看即知。唯志摩情痴,当局者迷而已。

如果不是梁启超坚持要让两个孩子彼此学业有成之后再订婚的话,恐怕这时的林徽因已经应允了婚事。而徐志摩却还以为,徽因的心,还不知道偏向于谁。梁启超的婚配理念是好的,只是苦了徐志摩,还在这不确定的感情里面,苦苦挣扎了好些时日。

事实上，在不久之后梁思成遭遇的一场车祸中，林徽因已经担当起了妻子的职责。

1923年5月7日，是袁世凯签订丧权辱国的"二十一条"的国耻纪念日。梁思成和梁思永两兄弟从学校回到家中，推出大姐梁思顺送给他们的哈里·戴维逊牌摩托车，去长安街与同学汇合，参加抗议游行活动。约十一时许，车子刚驶入长安街，就被军阀金永炎的轿车给撞倒了。思永被撞倒在地，爬起来时发现哥哥被压在了摩托车底下，已经不省人事，而金永炎早已叫司机将车开走，置受伤者的死活于不顾。思永急忙飞跑回家叫人帮忙，仆人曹伍见到他满面血污的样子，吓了一跳，匆匆赶往长安街将思成背回去。

回到家中，梁思成已经面无人色，眼珠都不会转了。一家人吓得大呼小叫。梁启超紧握着儿子的手，焦急地等待着医生到来。二十多分钟后，思成醒转过来，头一刻便用尽仅有的力气回握着父亲的手，并努力凑上去亲吻父亲的脸，说："爹爹，你的不孝顺的儿子，爹爹妈妈还没完全把这身体交给我，我便把它毁坏了，你别要想我吧。"

一个小时后，医生终于赶到了。经诊断梁思成左腿骨折，思永嘴唇破裂吃不了东西，兄弟俩一起被送往了协和医院。

民国初时，中国的西医还十分落后。梁思成做了全面检查后，医生告诉梁家，他仅是腿伤，不需要动手术，养一段时间就会好了。思成休养了一阵儿，却未见好转，耽误了最佳治疗时间，使得他日后落下了终身残疾。

第二章 零乱的花影

这次事故，致使梁思成股骨头复合性骨折，脊椎挫伤。确诊后，仅一个月内就动了三次手术。最后一次手术结束后，生性乐观的梁启超给远在菲律宾的大女儿梁思顺写信说："思成的腿已经完全接合成功，不久就将和正常人一样走路。"事实上从那以后，梁思成的左腿就比右腿短了一厘米，造成终生跛足，后来因为颈椎软骨硬化，不得不装设背部支架以支撑身体。

梁思成遭遇车祸，林家父女自然是第一批前往探望的亲友。看到思成受苦，徽因仿佛疼在自己身上。她止不住地眼泪直流，恨不能代他受罪。肉体上的痛苦，她分担不了，便希望在精神上多给他一些慰藉，分散他的注意力。一有时间，徽因便到医院陪伴思成。特别是放暑假以后，她差不多天天陪伴在思成身边。

酷热的六月，病房里的空气黏糊糊地又闷又热，梁思成常常只穿一件背心，林徽因毫不避嫌地贴身照顾他，甚至亲自为他擦洗身体。这温馨的场景，颇有些老夫老妻的味道。如果说在此之前，林徽因对自己的感情还看得不是十分明白的话，那么此时此刻，她应该清晰地感受到了自己内心深处那泉水般缓缓涌出的眷恋。她跟他，没有天雷勾动地火的狂热思念，却在细水长流间，彼此浸润了对方的生命。

她每天带去当日的报纸，跟他一起读；带去他喜欢的画册，一起欣赏；带去他爱吃的冰镇杏仁酪，一起分享。她给他读小说、背新诗、讲同学和弟妹的趣事……那个小小的病房，每天都充满新鲜的笑声。

他们的爱情，不是简单的性别吸引，彼此之间可以共享的东西太多太多了。这些东西，除了彼此的性情，还有很多是彼此的出身带给对方的。所谓爱情，有时候就是命运。

　　梁思成和林徽因之间，是恋人，是朋友，也是兄妹。

第二章　零乱的花影

九　冲突

　　梁思成很有可能留下终身残疾，这一点林长民和林徽因心里是有数的。在普通人的观念里，一个如花似玉的女子要嫁给一个残疾人，无异于一朵鲜花埋进尘埃里，除非对方有优于自家数倍的家境。但林家本是名门望族，徽因的学识品貌又是人中翘楚，配思成，原未高攀，现在他不幸致残，父女俩对这门亲事仍未见丝毫动摇，可见他们真正看中的，是梁家的家风品行，并非单纯的外在条件。

　　梁思成病情初愈可以拄拐行走时，拍了一张照片留作纪念。照片上的他腿上打着石膏，脸上洋溢着宁静而满足的微笑。这是一种劫后余生的满足，也是情感上得到了充分慰藉的满足。如果徽因在此时表现出哪怕一丝一毫对他的嫌弃，这笑容不可能如此安宁。身处病痛中的人最害怕身边人的冷落，思成是个幸运儿，他只领受了加倍的关怀和爱护，没听见半句埋怨没遭受半点冷落。

林家仍是一如既往地看好这门亲事，反对的声音，意外地来自梁家。按理说经过这番生死考验，林徽因表现出如此的真情实意，不是更应该得到梁家的认可吗，怎么反而会遭到冷遇？

其实在梁家内部，对林徽因和梁思成的婚事一直存在着两种声音。梁思成的父亲梁启超对这个准儿媳是非常欣赏的，自家没花多少力气，便白捡了这么个优秀的"女儿"，他颇有些得了个便宜的沾沾自喜。而梁思成的母亲李蕙仙，对这个新派儿媳一直不怎么认可。

李蕙仙出身于官宦之家，兄长李瑞曾任光绪年间的礼部尚书，她的家教大多是"三纲五常"的旧式教育，她看不惯林徽因"洋派"十足的言谈举止。当林徽因不避嫌疑地在病房里贴身护理梁思成时，在梁启超和李蕙仙那里，起到了截然相反的两种效果。梁启超从中看出了徽因的懂事、勤快、真性情，以及对思成的一腔真情。李蕙仙看到的却是"不成体统"四个字。她认为，一个尚未下聘礼的女子，哪怕心里再怎么倾慕未来的丈夫，见了他衣冠不整的样子，也应该低眉敛目，小心回避，怎能反而主动凑上前去？在梁启超对林徽因的赞赏达到最高点时，李蕙仙对林徽因的反感也进入了白热化状态。

在夫为妻纲的旧式家庭，妻子一般都是遵从丈夫旨意行事的。李蕙仙在儿子的婚事上勇于表达不同意见，一是因为梁启超是个相对开明的丈夫，二是李蕙仙在家庭中具有举足轻重的地位，三是梁启超倚重的大女儿梁思顺与母亲的意见保持了高度一致。

旧式女子中，不乏有主见有办法的，李蕙仙就是其中之一，她能在梁家赢得尊重，除了高贵的出身，更离不开顾全大局的处世之道和积极上进的人生态度。

李蕙仙是传统的，在传统礼教的框架之下，她所做的一切，又是无可挑剔的。也就是说，她是在她所处的环境里，做得最好的那一种人。有很多传统女性，跳不出三纲五常的框架，却未必能有像她一样的胸襟和能力，将事情处理得那么圆满。无论一个人的观念如何，只要他是本着为大家着想的目的，能够以自己的方式为身边的人带来益处，便能得到认可、重视。仅仅是观念守旧，并不会被人轻视，只有那种对他人毫无用处甚至是起负面作用的人，才是无足轻重的。

李蕙仙对梁家，是做出过重要贡献的。首先，她为梁启超生下了大女儿梁思顺。长大后的思顺嫁给了中国驻菲律宾大使馆总领事周希哲。聪明、大气的长女，成为梁启超日后的精神支柱。

接着，她又生了一个男孩。迫切需要一个儿子继承香火的梁家，举家上下一片欢庆。可惜男孩出生不久之后就夭折了。李蕙仙没有过久地沉溺于痛失爱子的悲伤中，她理智地认识到，自己可能无法履行为夫家传宗接代的责任了，于是特地回老家，挑了个健康活泼的大姑娘，带回来给丈夫做小老婆。

哪个母亲不疼爱自己的孩子？哪个妻子不希望得到丈夫的专宠？儿子的夭亡，无异于剜去了李蕙仙一块心头肉，为丈夫纳妾，更是相当于要往自己心头刺上一刀。这一刀刀下去，李蕙仙都忍下来了。一个女人能这样做，既需要强大的理性作为精神支撑，也需要为家族利益放弃自身利益的牺牲精神。梁启超那样一个具有平等意识的人，能不深深感佩吗？况且，几年以后，李蕙仙又生下了梁思成，实际上还是她，给梁家生下了长子，这就进一步稳固了她在大家庭中的地位。

梁启超的二太太是一户穷人家的女儿，很小的时候就被父母卖到有钱人家当丫头。李蕙仙将她带到梁家时，小丫头不过十六七岁，在三十几岁的李蕙仙面前，就是个不谙世事的小姑娘。李蕙仙看中的是她健康的身体和活泼的性格，这样的姑娘能生养出健康开朗的孩子，至于她不识字，没缠过脚，没受过任何新式和旧式的教育，这些都无关紧要，反倒能让她满足于在梁家所受的待遇，不生是非。

不得不说，在这件事情上，李蕙仙的选择是极其明智的。后来这个姑娘为梁家生养了很多孩子，直到梁启超去世时，还为他生下了第九个儿子。这个儿子没能养大成人。李蕙仙去世之后，二太太像照顾自己的孩子一样照顾她的子女，殷勤地料理着家庭事务，孩子们也以爱戴和敬重来回报她。可以说，梁家能够始终保持着其乐融融的家庭氛围，跟李蕙仙的处事智慧是分不开的。

李蕙仙在梁家的威信，从一件小事上可见一斑。为了跟上梁启超的步伐，李蕙仙年过半百，仍然努力学习英文。她讲了半辈子的贵州话，怎么也脱不尽乡音。当她大声朗读女中的英文课本时，孩子们就会被那永远的贵州腔调式英语发音引逗得忍俊不禁，但没有一个人敢笑出声来，更没人敢去纠正她的发音。

连她的读音都不敢纠正，就更别说反对她那固守了大半生的封建礼教思想了。母亲对林徽因的反感，孩子们无一敢加以辩驳，就连梁启超，也只能迂回地劝导，不敢用强。尽管林徽因"非常美丽、聪明、活泼，善于和周围人搞好关系"（吴荔明《梁启超和他的儿女们》），却不得不在李蕙仙严苛的目光之下，收敛起部分锋芒。

准婆婆和大姑子的反对，在林徽因明朗的感情生活里投下了一小片阴云。有父亲和准公公的力挺，林徽因还不至于过分悲观，只是此时的她，不免要想起母亲这一生的命运。正是因为得不到婆婆和姑子们的认可，再加上与丈夫关系不和，才造成了母亲一生的痛苦。现在，作为女儿的她也受到了夫家部分人的排斥，在她身上，会不会重演母亲的命运？她能一直得到丈夫和公公的支持吗？这排斥的人群，还会进一步扩大化吗？不，她绝不是那种坐以待毙的人。她要把命运牢牢地握在手里。

十　新月

新与旧，传统与现代的尖锐碰撞，并不仅仅发生在李蕙仙和林徽因身上，她们的矛盾，是那个时代的缩影。无数生于旧式家庭的新青年面临着林徽因一样的困境，有些人在混乱的纷争中妥协，有些人历经挣扎获得新生。林徽因的性格，自然不是委曲求全的。她渴望着得到夫家所有人的认可，同时，她也渴望着做真实的自己。

李蕙仙对未来儿媳的反感，其中很重要的一条，就是林徽因和徐志摩的交往。聪明如林徽因，不会不知道其中利害，但她并未就此切断与徐志摩的联系。

世界级小提琴家费里茨·克莱斯勒应北京外交使团们的邀请，赴北京为驻华的外交人员及眷属演奏时，徐志摩得到了消息。志摩认为这样顶级的小提琴大师来到中国，是一个难能可贵的机会，怎么能只让那些外国人听听就算了呢？他迫切希望能有更多的中国人受益。

志摩找到梁思成和林徽因一起商量,想办法让更多的中国人一睹世界大师的艺术风采。那时的北京人称小提琴为"洋胡琴儿",听不懂也不爱听,真正懂得欣赏的大多数是受过西方教育的清华学生。当时梁思成正好是清华乐团的指挥,他当然也希望能够带着大家一起前去领略这场视听盛宴,然而昂贵的门票根本不是学生们可以承担得起的,三人左思右想,最后策划了一场小小的"阴谋"。

梁思成是前财政总长梁启超的公子,林徽因是前司法总长林长民的千金,两人利用这个身份,"狐假虎威"向北洋政府的达官贵人推销贵宾票,筹措了提琴大师的演出费用,剩下的座位以低价卖给清贫的学生们。

演出当天,坐在剧场池中的林徽因侧头一看,只见包厢座位里全是姨太太和老妈子。那些高官碍于情面,不得不买了他们的票,自己又实在不能忍受这洋玩意儿,只好请太太们代为出席附庸风雅。坐在林徽因周围的,都是买了低价票真正来欣赏音乐的年轻人,看着他们忘情地沉醉在美妙的艺术世界里,她的脸上绽开了最酣畅的笑容。此时的徽因,早已将李蕙仙的看法抛到九霄云外去了,甚至可以说,如果诸如此类的行为将使她失去这份婚约,她也还是会鼎力而为。

林徽因是勇敢的,她渴望得到认可,但不是选择顺从的方式,她要用积极的态度,投身到轰轰烈烈的大时代潮流中去,散发出光和热，吸引那些欣赏的目光。如果说像李蕙仙这样的保守派对她采取拒绝的姿态，那她宁愿放弃这部分人的认同，她相信自然有一些思想开明的人，能够读懂她的价值，就像她的父亲林长民，她未来的公公梁启超，她的爱慕者徐志摩，她的恋人梁思成，以及许许多多和他们一样走在潮流尖端的人。

林徽因像一弯新生的月亮，她要跟这些有着蓬勃生命力的新人汇集在一起。1924年，徐申如和银行家黄子美出资，在松树胡同七号租了一所房子，成立了一个同人俱乐部，取名新月社。林徽因积极地参与了这个社团中的各项活动。新月社的主要活动内容是两周一次的聚餐，汇集了徐志摩、胡适、梁启超、张君劢、林长民、丁文江、陈源、林语堂、余上沅、丁西林等人，席间众人纵谈时政，探讨艺术，可谓真正的文化大餐。

除了聚餐，社团还自编自演戏剧，举行新年年会、元宵灯会、古琴会、书画会、读书会，真正像一弯新月，在动荡的时局之下，聚拢起微弱的温暖，照亮着京城的文化圈。徐志摩说："新月虽则不是一个怎样强有力的象征，但它那纤弱的一弯分明暗示着、怀抱着未来的圆满。"日后，新月社发展壮大，衍生出了现代诗歌史上一个重要的流派，以徐志摩和闻一多等人为代表的新月派。

林徽因就是伴随着这类从无到有、从弱小到强大的新生事物一起成长的，她跟他们一起，度过酝酿期的等待、分娩期的阵痛、成长期的艰辛，体会壮大后的喜悦，某些时候，还有失败后的苦楚。

她自有她的苦乐年华,她不是为了迎合婆家的口味而生的。如果非要在她自己的人生理念和美满婚姻之间做个选择的话,林徽因很可能会选择自己的人生。所幸的是,命运没有让她面对这个选择题,而是将这两条路完美地融合在了一起。或者是说,强大的人格力量,自有其不可抗拒的感召力,能够将本不相融的东西扭结起来,并用一生强大的磁场,牢牢地把它们吸附在彼此的身上。

十一　叹息

天空的蔚蓝，

爱上了大地的碧绿，

他们之间的微风叹了一声"哎！"

这是泰戈尔写给林徽因的诗。这首诗将徐志摩和林徽因的感情准确地拟物了，是他们遗憾的感情故事最恰当、最形象的比喻。

1924年4月12日，泰戈尔应梁启超、林长民等人主持的讲学社之邀来华访问。访华前，泰戈尔刚刚获得诺贝尔文学奖，是第一位戴上这顶桂冠的东方作家，正享誉世界文坛。北京讲学社能请到他，是当时中国文化界的一大盛事。在这次举国上下翘首以待的活动中，林徽因仿佛一条横空出世的彩虹，清新的气质和炫目的美貌征服了所有人。

第二章　零乱的花影

泰戈尔一到北京，林徽因就前往车站参加了欢迎接待。此次活动主事人是梁启超和林长民，胡适和陈西滢等人只是陪同者，徐志摩担当翻译及联络人，实际上相当于跑腿的，梁思成和林徽因更是跑腿的。虽然只是跑跑龙套，但以这次活动规格之高，持续时间之久，受关注之广，能跑个小龙套就是非常高的荣耀。徐志摩和林徽因整个活动期间常伴泰戈尔左右，受到了全国人民的关注。

吴咏在《天坛史话》中，记录了当时的情景："林小姐人艳如花，和老诗人挟臂而行，加上长袍白面、郊寒岛瘦的徐志摩，有如苍松竹梅的一幅三友图。"其中苍松自然是指泰戈尔，梅、竹当然是林徽因和徐志摩了。中国民间一向有青梅竹马之说，这青梅与竹马相映成趣，能不羡煞旁人？林徽因和徐志摩的珠联璧合，一时传为京城美谈。在此之前，林徽因的名气，只局限于她经常出没的各个文化圈子，她不过是一个颇有才气和潜力的大家小姐而已；经过这次活动，她出众的才华和扑朔迷离的感情故事一同流传开去，成为家喻户晓的传奇女子。

如果说泰戈尔的中国之行，原本应该是一部文化纪录片，因了徐志摩和林徽因的出色表现，它显然被篡改为了一部爱情偶像剧。

徐志摩那喷涌而出的热情，以融化一切的姿态，篡夺了泰戈尔最佳男主角的位置。他作为陪同者游览西湖时，竟因那天上人间般的美景，陶醉得整宿无眠，在一棵海棠花下，写了一夜的诗。梁启超获悉此事之后，颇为赞叹，集宋人吴梦窗、姜白石词句联句一首相赠："临流可奈清癯，第四桥边，呼棹过环碧；此意平生飞动，海棠树下，吹笛到天明。"

不仅自己作诗，徐志摩翻译泰戈尔的讲话内容，也使用了诗性语言，将文学泰斗的演说，以中国最美的修辞译之，以硖石官话出之，化作一首首美妙的小诗。这诗歌的天才，仅这一次活动，便不知作出了多少诗句。可见真正的诗人，是将诗歌完全融入现实生活中去的，那种必须在书斋静坐呕心沥血作诗的人，更应该被称作诗歌作者，而非诗人。

诗人徐志摩在泰戈尔六十四岁生日聚会上，献上了一场诗意的演出。泰戈尔写过一部爱情诗剧《齐特拉》（*Chitra*），剧本的故事是由印度史诗摩诃婆罗多的情节演化而来。

剧中主人翁齐特拉是马尼浦王的独生女儿，生得相貌普通，从小像男孩子般接受成为一个王子应受的训练。邻国英俊的王子阿顺那发愿苦行，十二年不娶。有一天，王子经过马尼浦，在一片山林里睡着了。在林中打猎的齐特拉将王子唤醒，并对他一见钟情。爱上了王子的齐特拉，生平第一次感到，平凡的外貌是一个女人最大的缺失，她渴望自己能够拥有令人眼前一亮的容貌，让她的心上人一见倾心。

齐特拉向爱神祈祷，赐予自己青春美貌，哪怕只保留一天。爱神为齐特拉的诚心所动，答应给她一年的美貌。公主以姣美的面容和王子结为夫妻，婚后的她却并不快乐，她怀念自己当初的面容，不能接受这个伪装的面孔。一次偶然的机会，齐特拉得知王子仰慕马尼浦公主征服乱贼的英名，她暗暗感到万分欣喜。当时王子并不知道身边的妻子就是他仰慕的对象，直到齐特拉祈求爱神将她变回原貌，王子才明白了事情的真相。

这是一个过程曲折结局圆满的浪漫爱情故事，完全符合徐志摩的审美，当他挑选这个节目来为泰戈尔庆祝生日的时候，不知有没有想到自己的感情遭遇，也许他曾暗暗祝福自己的爱情故事也能如此吧，虽然走得艰难些，或许能有一个美丽的结局。

剧中饰演齐特拉公主的是林徽因。幕布缓缓拉开，新式舞台布景叫观众眼前一亮，丛林上空悬挂一弯晶莹的新月，月下，林徽因的公主造型曼妙动人。她穿着奇美无比的古装，整场用流利的牛津英语演出，征服了所有的观众。十多年后，仍然有人对当日的演出记忆犹新，赞叹林徽因一口流利的英语清脆柔媚，"真像一个外国好女儿"（赵森《徐志摩演戏的回忆》）。

除了林徽因，担任剧中角色的无一不是名流。张歆海饰演王子阿俊那，徐志摩饰演爱神玛达那，林长民饰演春神伐森塔。连跑龙套的也非寻常之辈，袁昌英演村女，丁西林和蒋方震演村民。那段时间报纸连篇累牍的盛赞这场演出。5月10日北平《晨报副刊》说："林宗孟君头发半白还有登台演剧的兴趣和勇气，真算难得。父女合演，空前美谈。第五幕爱神与春神谐谈，林徐的滑稽神态，有独到之处。林女士徽音，态度音吐，并极佳妙。"一众名人，捧起了林徽因这颗璀璨的新星。

每日面对这越来越夺目的女子，徐志摩的心绪又乱了，在百转千回的思虑中，他不禁向泰戈尔吐露心事。泰戈尔感动于志摩用情之深，有心撮合他和徽因的美事，终未如愿。离华之前，为了感谢林徽因的贴身陪伴，且有感于徐、林二人之间令人惋叹的情谊，泰戈尔作了前文所记那首小诗送予徽因。不知徽因读罢此诗，内心可有情绪翻转。

泰戈尔走了，徐志摩和林徽因相伴相随的日子也即将结束了，想到从此各分东西，下次相聚不知要到何时，他内心的痛苦比当日在海棠花下涌现的诗情还要激烈百倍。志摩如游魂般踏上了离京的火车，想到那列车一经开动，就要活生生撕开他与徽因的联系，这样的痛苦令他无力承受。抢在火车开动前一刻，他急忙掏出纸笔，想给徽因写封信：

我真不知道我要说的是什么话，我已经好几次提起笔来想写，但是每次总是不成篇。这两日我的头脑总是昏沉沉的，开着眼闭着眼只见大前晚模糊的月色，照着我们不愿意的车辆，迟迟的向荒野里退缩，离别！怎么的能叫人相信？我想着了就要发疯。这么多的丝，谁能割的断？我的眼前又黑了……

信未写完，火车已经开动，徐志摩的眼泪顿时涌了上来。坐在一旁的恩厚之看不下去，夺过信件，藏进贴身的文件袋里。车厢外有人大喊，"徐志摩哭了！"

这一幕被徐志摩写进了1925年3月11日给陆小曼的信里。陆小曼和徐志摩的感情纠葛，又是另一个故事了。在泰戈尔访华的过程中，陆小曼也有过独具个性的表现，可惜彼时他们还是陌生人。

十二　苦读

一个月后，林徽因和梁思成在家长的安排下前往美国留学。徽因和思成的婚事也明确了，待学业完成，二人即行结婚。做出这一决定后，林长民特意约谈徐志摩，将内情如实相告，并加以劝慰和开导。徽因对志摩，不能说没有感情。只可惜她毕竟是名门闺秀，虽说是接受了新教育具有新思想的新闺秀，到底脱不了闺秀的框架，她的行止见识，还是受到了一定约束的。

一个女人往往因为太少被爱，就把一个略微出众的男人一点儿感情上的施与，看得比天还大。林徽因有拒绝徐志摩的理性，皆因她的生活中，并不缺少这一点疼惜。比起父亲对她的疼爱，梁启超对她的欣赏，梁思成对她的依恋，还有周围的兄弟姐妹、同学亲友对她的赞美，徐志摩的感情，也只是沧海一粟。她得到了那么多的爱，少了徐志摩这一杯羹，也不至于饥渴了情感。

林徽因和梁思成先到绮色佳的康奈尔大学进行了暑期补习，徽因选修户外写生和高等代数，思成也选修了户外写生，另外选了"三角"与"水彩静物画"。9月，二人正式入读费城宾州大学。

　　林徽因考的是半官费留学，梁思成本来前一年就要出国学习的，后来因车祸延误了一年，正好跟未婚妻同时出国了。两人商量好一起学习建筑，但林徽因是女性，不能直接入建筑系。那时这个系还不收女生，学校的管理者认为，建筑系的学生经常要在夜里作图，一个女生深夜待在画室是很不适当的。无奈之下林徽因只能先入了美术系，幸好美术系和建筑系同属美术学院，她便选修了建筑系的主要课程。

　　建筑系的学习内容是单调而刻板的，性格沉稳的梁思成很快进入角色，他是擅长于下笨功夫的，一头扎在图书馆里，做了无数的笔记，绘制了无数的图样，为他成为国内一代建筑大师奠定了扎实的基础。林徽因的学习风格跟梁思成不同，她更为灵动，讲究的是悟性。她在绘画、制图方面没有扎实的基础，但与生俱来的艺术特质使她对线与型的把握带有鲜明的个性，这个天分得到了绘画老师格外的赞赏。

　　林徽因没有梁思成那种终日泡在书堆里的耐性，她更为活跃一些，在学习之外，还需要多姿多彩的娱乐。有一回，几个同学邀请徽因一起出去野餐，她毫不犹豫地答应了。同学们开玩笑说，如果她能叫得动思成一起去，那就让她享受优待，一天什么事情都不用她干。徽因自信满满地去找思成，好不容易在图书馆的绘图室里找到了，还没开口说明来意，就被思成拉着看起了图纸。思成兴奋地

第二章 零乱的花影

指着正在绘制的古希腊神庙说:"你来看,这柱子已经多大程度上克服了希腊早期建筑那种大方块式的呆板。柱基和柱顶过梁的一点点改变,就使十分稳定的建筑获得了极优美的仿生物体动态。你再看这爱奥尼亚柱,柱式多么雅致,线条多么流畅,柱体凹槽的生硬被柱顶的涡卷形装饰大大抵消……"

耐着性子听完梁思成的讲述,林徽因把同学们的意思传达给他,并且强调,他一定要去,不能让她被同学们取笑。然而在精妙绝伦的艺术和光鲜亮丽的未婚妻之间,梁思成还是选择了艺术。徽因只能失望地离开,没能享受到什么事都不用干的公主待遇。

林徽因爱玩,但这并不影响她的学习成果。一次大学生圣诞卡设计竞赛中,她用点彩技法创作的圣母像,充分体现了中世纪欧洲的苍凉古旧感,一举获得大奖。至今这件珍贵的文物仍保存在学校档案馆中。她用两年时间,就如期取得了美术学士学位。作为建筑系的旁听生,竟然不到两年,就修完了主要课程,并且受聘担任建筑设计教师助理,不久更成为这门课程的辅导教师。

林徽因以活泼的个性和优秀的成绩,成为校内一道亮丽的风景线。有个美国同学比林斯写了一篇关于她的报道,发表在地方报纸上:

她坐在靠近窗户能够俯视校园中一条小径的椅子上,俯身向一张绘图桌。她那瘦削的身影匍匐在那巨大的建筑习题上,当它同其他三十到四十张习题一起挂在巨大的判分室的墙上时,将会获得很高的赞赏。这样说并非捕风捉影,因为她的作业总是得到最高的分数或者偶尔得第二。她不苟言笑，幽默而谦逊，从不把自己的成就挂在嘴边。

问到林徽因为何学习建筑时。她说：

我曾跟着父亲走遍了欧洲。在旅途中我第一次产生了学习建筑的梦想。现代西方的古典建筑启发了我，使我充满了要带一些回国的欲望。我们需要一种能使建筑物百年不朽的良好建筑理论。

谈到对美国女孩子的看法。她说：

开始我的姑姑阿姨们不肯让我到美国来。她们怕那些小野鸭子，怕我受她们的影响，也变成像她们一样。我得承认刚开始的时候我认为她们很像，但是后来当你已看透表面的时候，你就会发现她们是世界上最好的伴侣。在中国，一个女孩子的价值完全取决于她的家庭。而在这里，有一种我所喜欢的民主精神。

十三　苦闷

林徽因喜欢美国当时的氛围，在那方自由的蓝天下，她渴望纵情地飞翔。梁思成对外部事物不是那么热衷，他的注意力是向着内部纵深处展望的，钟情于在学术的海洋里遨游。宾大的同学谈到对中国留学生的印象，认为他们都是些不爱笑的人，只有在林徽因和陈植的脸上，能够常常看到恣意的欢笑。梁思成显然属于那不会笑的一群，或者说，他的笑容留给了自己，留给了图书馆，只有浩如烟海的书本与他含笑凝眸对视。

梁思成像一棵常青树，无论春夏秋冬，雨晴风雪，他始终绿绿地挺立在那里，向着头顶的天空仰望；林徽因则是一棵果树，情绪的翻转犹如四季轮回，有开花结果，有萌芽叶落，她每一次情绪的转换，都掀起内心无尽的波澜。这波澜渴望着被关注被抚平。以梁思成稳定性极高的个性，无法切身体会她这无常的变幻。他对她，很多时候是手足无措的。不要说为她分担苦闷，就算是喜悦，他也无法跟她彻底分享。

林徽因感到了无以排解的抑郁，就像她跟随父亲游历欧洲时的感觉。明明是两个人一起出来的，本该互相关照彼此的心灵，怎么大多数时候，她都是独自承受着孤独？

她开始思念故土。不知北京的胡同里，还是和从前一样，时不时跑出一两位调皮可爱、没心没肺的傻姑娘吗？不知忧国忧民的爹爹又做了几回意气风发的演讲？不知满腹牢骚的娘亲身体安康否？新月社的文友们，又在谈论着什么有趣的话题？

她给胡适写信，说自己是在美国"精神充军"，她"愿意听到我所狂念的北京的声音和消息"。想念北京，想念祖国，自然绕不过要想念那个人去。那个人曾经被她一次次摔得粉碎，只要她巧手一粘，又能精神抖擞地活过来。

她给徐志摩写信："我的朋友，我不要求你别的什么，只求你给我个快信，单说你一切平安，多少也叫我心安……"她是在那漫长的枯燥生活里，望梅止渴地撷取一些远方的甘露。

徐志摩却会错了意，以为她经过了多少漫长的思念，终于让情感冲破了理智的樊篱，对他倾泻了掩藏的心事。他激动万分，飞快地赶往邮局复信。邮局职员疑惑地看着电文，小心地问道："先生，您半小时前刚发了一封和这一样的电报，该不会是搞错了吧？"徐志摩有点生气，心想这人是糊涂了么，他哪里重复发了电报？小职员肯定地说，就在不久之前，也是发给这位林小姐的，跟这大致相同的内容。徐志摩才陡然清醒过来。

后来，徐志摩写过一首诗发表在《晨报》，诗中所写之事，跟他与林徽因拍电报的情形颇为相近：

啊，果然有今天，就不算如愿，
她这"我求你"也就够可怜！
"我求你"，她信上说，"我的朋友，
给我一个快电，单说你平安，
多少也叫我心宽。"叫她心宽！
扯来她忘不了的还是我——我，
虽则她的傲气从不肯认服；
害得我多苦，这几年叫痛苦
带住了我，像磨面似的尽磨！
还不快发电去，傻子，说太显——
或许不便，但也不妨占一点
颜色，叫她明白我不曾改变，
咳何止，这炉火更旺似从前！

我已经靠在发电处的窗前，
震震的手写来震震的情电，
递给收电的那位先生，问这
该多少钱，但他看了看电文，

又看我一眼，迟疑的说："先生，
您没重打吧？方才半点钟前，
有一位青年先生也来发电，
那地址，那人名，全跟这一样，
还有那电文，我记得对，我想，
也是这……先生，你明白，反正
意思相像，就这签名不一样！"——
"吭！是吗？噢，可不是，我真是昏！
发了又重发，拿回吧！劳驾，先生。"

电报事件中的林徽因还只是个二十岁的大姑娘，在情感上还未脱离自我感受为中心的特质，只看到了自己极度渴望滋养的干枯心灵，没有想到在徐志摩那里会引起这样的困扰。她给徐志摩，或者给其他人写信、发电报，只是一种情绪上的宣泄，宣泄过后，还得继续她被安排好了的现实生活。

任何一对恋人，在甜蜜的热恋期过后，都多多少少要经历一些痛苦的磨合。林徽因和梁思成的磨合过程，痛苦尤其强烈，一是两人性格差异确实太大，二是思成的母亲李蕙仙对徽因至死难以接纳。

林徽因和梁思成到宾大不久，就得到了李蕙仙罹患乳腺癌的噩耗。梁启超原打算让思成回国，"尽他应尽的孝道"。但思成还未启程，即传来母亲病逝的消息。他就算即刻返回，也至少需要一个月的时间，为时太晚。梁启超又发来电报，嘱他安心在美学习，一切后事由家人料理。

李蕙仙的大女儿梁思顺，在母亲患病期间，一直常伴左右，深刻体会到母亲的痛苦。看到自己至爱至亲的人，一方面受着身体上的病痛折磨，一方面还要承受对未来儿媳极度反感的精神折磨，梁思顺万分痛苦，打心底排斥林徽因。

梁思顺在梁家地位特殊，她比思成大了八岁，有点像个小妈妈。思成对于她的意见，一向是非常重视的。再加上李蕙仙一直身体欠佳，家中但凡有什么事情，梁启超一般都是找大女儿商量，把她当作家中第二位女主人。所以梁思顺的态度，在很大程度上影响着梁家对于大小事物的处理方式。

林徽因不能接受自己即将进入的家庭对自己挑三拣四，她是那样一个自尊自爱的人，怎么能忍受这种难堪？她林徽因论家世相貌才华，无一配不上梁思成，且有大批爱慕者紧紧跟随在身后，凭什么要受这种委屈？没有林长民在旁做她的定心丸，她激烈的情绪火山般爆发出来，以漠视梁思成的感受来对抗在梁家受到的轻慢。

林徽因开始刻意地疏远梁思成，她经常和同学外出游玩，听音乐会，看歌剧，在热闹的氛围里麻醉受伤的心灵。稍有不顺心的事，她便对梁思成大发脾气。这时的梁思成也还是个热血青年，对林徽因的种种表现，也不能做到绝对的容忍和理解。二人常常因为一点小事就展开激烈的争论，怄气，互不搭理。日复一日恶性循环，原本朝气蓬勃的一对璧人，彼此折磨得越来越苍白、消瘦。

不堪忍受的梁思成写信给大姐诉苦："感觉着做错多少事，便受多少惩罚，非受完了不会转过来。"他在林徽因那里找不到突破口，便希望多得到些家人的帮助。梁启超看了儿子这些话，写信给女儿说："这是宇宙间唯一真理，佛教说的'业'和'报'就是这个真理……"

梁思永也写信给父亲，要他劝说大姐缓和跟林徽因之间的关系，以解救深陷在情感困扰中的哥哥。随着众人的劝说和时间的推移，梁思顺丧母之痛渐渐平复，出于对家庭的热爱，对弟弟思成的疼惜，她尝试着对林徽因打开了心门。

得知梁思顺的态度有所转变，梁启超高兴得像个孩子。他给女儿写信说："思顺对于徽因的感情完全恢复，我听见真高兴极了。这是思成一生幸福关键之所在。我在几个月前很怕思成生出精神异动，毁掉了这孩子，现在我完全放心了……我们一生不知要经历多少天堂地狱，即如思成和徽因，便有几个月在刀山剑树上过活！这种地狱比城隍庙画出来的还可怕。"

家庭矛盾终于得到缓和，思成和徽因也各自退让了一步，开始适应对方的个性特征，两颗年轻气盛的心，学会了相互关照和妥协。

十四 丧父

真正把林徽因和梁思成不可分割地联系在一起的，是林长民的猝然离世。刚刚从梁家紧张的关系中挣脱出来，还没来得及舒一口长气，林徽因意外接到了父亲遇难的消息。

最可怕的噩梦里，也不曾出现过这样可怕到极点的场景。她精力充沛意气风发的父亲，竟然会突然之间从这个世界离去。

林徽因不能相信这是真的，她发急电给梁启超，探听父亲真实情况，希望得到新的消息。

没有新消息。一切确凿无疑。林长民真的过世了。

梁启超在电报中说："昨晚彼中脱难之人，到京面述情形，希望全绝。遭难情形，我也不必详报，只报告两句话：（一）系中流弹而死，死时当无大痛苦。（二）遗骸已被焚烧，无以运回了。……"

徽因心死。想起前段时间，为了一点点小事，便和思成闹得那般不堪，如今面对这样的生离死别，真觉得当时自以为是的想法万般可笑。对于自己相亲相伴的人，只要他还健康快乐地活在世上，其他的还有什么可计较呢？

梁启超转来母亲的叮咛："徽因的娘，除自己悲痛外，最挂念的是徽因要急煞。……我问她有什么话要我转告徽因没有，她说没有，只有盼望徽因安命，自己保养身体，此时不必回国。"

何雪媛这一向不受丈夫待见的苦命女人，此时倒还镇定，简短几句话，也算朴素得体，稳住徽因急躁的个性，免她影响学业，来回奔波劳苦。他死了，她对他一辈子的爱恨，也随之烟消云散了吧。她曾说过她只是个简单的女人，所求不过三餐一宿夫唱妇随。他偏要弃她而去，爱了别的女人，爱了他的国家、他的人民、他的事业。现在可好，得了什么好处？这么年纪轻轻的，便两手一撒什么都丢下了去，又有哪个国家哪个人民哪项事业记得他的好？热闹闹白忙乎一场而已。就守着她和儿女过简单的日子不好吗？说不定能恩恩爱爱白首到老呢。她直到他死，都是看不明白的。她对他有情，可那情是什么样的情？酸咸苦辣说不清，唯独没有那甜的滋味。

梁启超最担心的也是林徽因，他写信郑重嘱咐梁思成：

第一，你要自己十分镇静，不可因刺激太剧，致伤自己的身体。因为一年以来，我对于你的身体，始终没有放心……你不要令万里之外的老父为着你寝食不安，这是第一层。徽因遭此惨痛，惟

第二章　零乱的花影

一的伴侣，惟一的安慰，就只靠你。你要自己镇静着，才能安慰她，这是第二层。

……你可以将我的话告诉她：我和林叔叔的关系，她是知道的，林叔叔的女儿，就是我的女儿，何况更加以你们两个的关系。我从今以后，把她和思庄一样看待。在无可慰藉之中，我愿意她领受我这十二分的同情，度过她目前的苦境。她要鼓起勇气，发挥她的天才，完成她的学问，将来和你共同努力，替中国艺术界有点贡献，才不愧为林叔叔的孩子。这些话你要用尽你的力量来开解她。

……徽因留学总要以和你同时归国为度。学费不成问题，总算我多一个女儿在外留学便是了，你们不必因此着急。

这封长信，既谈到了精神问题又谈到了物质问题，可谓无微不至，梁启超对林徽因的关切，真不比亲生女儿差些什么。从中也可见梁公为人重情守信、慷慨大气。不了解情况的人，可能会以为对于梁家这样的大户，供给准儿媳留学的费用，算不得什么大开支，正如信中所言，不过是"多了一个女儿在外留学便是了"。实际上事情远非这么简单，梁启超说得轻巧，无非是为了稳定林徽因的情绪，他所面临的困境，比信上所写严重得多。

事发之后，梁启超好几天没回清华，一直在北京为林父的后事奔走。林长民身后的惨状堪忧，满门孺稚，无人可靠，全家上下仅余现金三百余元，一家老小眼看日常开支都要难以为继。看着老友死后，未通人事的小儿女披麻戴孝在灵帏前嬉笑打闹，梁启超心痛不已。他给政府上书，请求为林宗孟募集赈款，聊告亡灵。

　　林徽因自然知道家中实情，她有过中断学业的打算，想要靠自己的双手来支撑一家的开支，幸好有梁家的极力劝阻，才定下心来继续未完的学业，否则中国将会缺失了这位光彩熠熠的女建筑家。

　　她不能回去，只有将悲痛生硬地咽下深喉。此时的林徽因才明白，人世间的痛苦，有些是无处诉说的，再怎么向人倾吐，都缓解不了一丝一毫。只有思成默默的陪伴，是她最好的慰藉。林徽因通过这件事，对爱情有了全新的理解。爱情不仅是花前月下，你侬我侬，真正的爱是患难与共，彼此扶持，不需要那么多的语言。思成虽然没有什么甜言蜜语，也没有太多跟她一拍即合的看法，但是他始终在她身边。她风光也好，落魄也罢，他对她的态度始终如一。

　　林徽因在梁思成的陪伴下，化悲痛为学习的动力，她用功的程度不下于思成。

十五　家国

在华夏子孙的心目中，家和国，是联系在一起的。家是国的缩影，国是家的拓展。国之本在家，家之本在身。林长民这个悦纳西方思想的新派人士，始终保留着家国同构的传统价值观。只有国家的兴盛，才可以带来家族的兴旺，才可以赢得个人的尊严。大丈夫当以天下大任为己任，为国家做出贡献，才有自我价值的体现。

林长民生于1876年，当时的中国正处于激烈变革的动荡中。1840年鸦片战争的硝烟敲开了中华民族的大门，中国封建社会制度在垂死挣扎中趋于解体，中西文化之争牵动着社会精英们敏锐的神经。林长民自幼聪慧绝伦，被宗族亲友视为神童，光绪二十三年（1897）中秀才，这是科举生涯的开始，也是结束。纵观国际、国内形势，林长民果断放弃了这块步入中国封建社会上层建筑的敲门砖，他认为当一名清朝的旧式官员，已经不足以为气若游丝的祖国力挽狂澜。林长民弃举业苦学英文、日文，后赴日本早稻田大学学习。

留日期间，林长民学的是政治经济科，这为他以后的从政生涯提供了充足的理论储备。在早稻田大学，他各项才能得到了充分发挥，成为日本留学生中明星式的公众人物。他担任过学生公会会长，广交社会各界名流，热心公益，乐于助人。用朋友们的话来说，他是个身兼数长的人。一是才华横溢，不仅知识广博，还善于治事，很多复杂的局面，他谈笑间便可应对，颇有些治大国如烹小鲜的意味；二是不吝钱财，但凡交际所需，不匮于用，遇事肯担当，决无畏葸之态。

回国之后，林长民创办私立法政专门学校及附属中学，为国家培养急需的治国人才。他没有像林觉民、林尹民一样，变成激进的革命青年，他的政治态度更趋温和，希望通过自己的从政改良宪政，而不是推翻重建。林长民说："政治家需要有容人的雅量，中国前途不可知，尤须联络异己，为沟通将来政治之助。"因而他没有像那些革命青年一样，四处宣扬革命宗旨，而是将精力用来广泛交游，结交了一大批有识之士。日本名流犬养毅、尾崎行雄，国内名人张謇、岑春煊，留日立宪派志士汤化龙、孙洪尹、刘崇佑、徐弗苏等人，都与他有过深交。

林长民拒绝了清政府授予的翰林进士身份，投身于当时国内正在各地推行的立宪运动，此举被父亲林孝恂斥为"民教叛徒"。这个"叛徒"推却了四方邀请,出任福建官立法政学堂教务长。少年气盛的林长民,带着满腹西洋政经之学,试图在短时间内,在他的职务范围之内,一扫国民低劣的陋习。然而木秀于林风必摧之,在取得了一定的成效之后,他的行事作风很快引来同僚的不满。他们借口林长民改革失当,向提学姚文倬告状,罢免了林长民的职务。这是他人生道路上,第一次直面官场的阴暗。豁达的林长民并未因此而灰心,旁观者为他的遭遇愤愤不平时,他淡然处之,于别处寻求新的突破口。

林长民转而专注于私立办学。这条路走来也并不顺畅。各省的私立法政专门学校成立了又关闭,林长民的学校也是惨淡维持,但他从未放弃,于四处奔波之时,仍关注学校发展,"年筹巨款,以滋维持。"在他的坚持之下,这所学校成为唯一的幸存者,没有被埋没于襁褓之中,后来还扩充成了福建学院。

1908年清政府宣布"预备立宪",各省纷纷设立咨议局,时任福建咨议局副议长的刘崇佑举荐林长民为咨议局书记长兼秘书长。后各省咨议局代表推举刘崇佑任"国会请愿同志会"主席,林长民任书记。立宪派人士要求加快立宪步伐,缩短预备立宪的期限,遭到清政府拒绝。林长民和梁启超希望通过和平请愿的方式迫使清政府开放政权,转入民主政治的轨道,结果被"宪政促进会"的保守党和"辛亥俱乐部"攻击,未能如愿。梁启超痛心之余,一改平日温和的作风,痛斥清政府为"麻木不仁之政府""祸国殃民之政府""妖孽之政府"。林长民也是失望之极,他激流勇退,辞去了咨议局的职务，前往上海《申报馆》任职。

在上海的这段时间，林长民整日诗酒文章，挥金如土，据说他一个月包马车的费用，就高达八十元，淡泊金钱的父亲林孝恂都看不下去了，指责儿子太过奢侈。林长民的心情，大概只有千年前的古人李白能够切身体会，李白写下著名诗句"天生我材必有用，千金散尽还复来"时，林长民大概有着相近的感受。

他在等待着一个东山再起的机会。

这时候林徽因只有七八岁，还沉浸在祖父母的宠爱和大姑母的夸赞之中，哪知天下事？她不知道在她出生的那年，日本和俄国开战，战场居然是中国的东北；在她两岁那年，孙中山首次提出了"三民"主义，发表在中国同盟会机关报《民报》的发刊词中；在她三岁那年，杭州城内出现大规模抢砸米店事件；在她四岁那年，黄冈起义爆发；在她五岁那年，慈禧太后叶赫那拉氏病死；在她六岁那年，霍元甲轰动上海滩；在她七岁那年，汪精卫刺杀载沣未遂，被捕入狱；在她八岁那年，辛亥革命爆发……

中国发生这些事件的时候，世界又是怎样的呢？在这短短的七八年间：美国建立了拉斯维加斯市；爱因斯坦发表了六篇划时代的论文《关于光的产生和转化的一个试探性观点》《分子大小的新测定方法》《热的分子运动论所要求的静液体中悬浮粒子的运动》《论动体的电动力学》《物体的惯性同它所含的能量有关吗》《布朗运动的一些检视》；英国要求参政的妇女冲击国会；世界上第一架直升机在法国起飞；美国芝加哥劳动妇女罢工游行，妇女节设立；人类首次徒步到达北极；美国铺设第一条海底电缆；路易斯·雪佛兰成立汽车公司……

　　林徽因所不知道的这一切，林长民都是再清楚不过的，他内心有着强烈的紧迫感和使命感，却只能在上海滩上对酒当歌。

十六 国家

在这些年发生的大事中,有一件,幼小的林徽因也是知道的,那便是爆发于1911年的黄花岗起义。她的两个堂叔林尹民和林觉民,在这次起义中英勇牺牲。

林尹民是林徽因的叔祖林孝扬之子,此子在林氏满门书香中,堪称一个异数。他不仅文才一流,且天生神力,能举石三百斤。少年时,林尹民拜师学习少林技艺,练就一身好武功。有一回,他于半夜袖刀伏于高墙之上,等到三更将残,敲更的更夫经过,他猛然跃下,抽刀向前。那更夫只见刀光一闪,大呼饶命。林尹民哈哈大笑起来,十几岁的他,只不过效法历代英豪,开一个无伤大雅的玩笑而已。

林尹民怀着浪漫的侠客梦,喜读《三国志》,常纵声长笑高呼:"我燕人张翼德也!"成人后,他这种济世救民的情怀,化作热烈的革命激情。在日本留学期间,每见顾恋家族、犹豫不决的同胞,他便晓以大义,痛陈利弊:"余非不知家族之可恋也,顾念中国亡,何有于家族?毋宁立定主义,于必不可牺牲,必不忍牺牲者而牺牲之,同胞能无恫乎?假而奉袂而起,克复神州,快何如耶?凡事只问当为不当为,不可计其能为而不能为,苟以不能为而不为,是直薄志弱行之徒也……"听者莫不被之感动,好多人就此改变初衷,投身革命事业。

劝君莫惜头颅贵,留得中华史上名。林尹民一早就做好了以身殉国的准备。父亲屡催促其完婚,林尹民说:"革命迫在眉睫,便纵有天香国色,也该忍泪不顾。更何况尚未完婚。不如尽早断却牵挂,以免累及家人。"他终生未娶,为革命捐躯时,年仅二十五岁。

林觉民与林尹民性情不同,他是典型的书生柔肠。十九岁奉父命成婚,娶的是当地书香人家陈府的千金陈意映。林觉民深爱妻子,从无二心,曾对友人说:"吾妻性癖好尚,与余绝同,天真烂漫女子也。"留日期间,父亲林可山听说儿子常与革命党人结交,大为忧虑。觉民写信安慰老父,说他学的是文科,主要是心理、伦理等方面的知识,不会招惹什么祸害。他这样说,当然只是为了宽父亲的心,事实如何,他自己心里是再清楚不过的。

林觉民自小过继给没有子嗣的叔父林孝颖抚养,他八岁丧母,又体弱多病,全靠叔父一手拉扯长大。林觉民身上承担着太多的情债,他不想让家人担心,但并未因此泯灭革命的热情。

1911年春天,林觉民从北京前往香港。黄兴在香港见到他,大喜过望，连呼："意洞来，天赞我也，运筹帷幄，何可一日无君？"此时的黄兴，正在酝酿一个巨大的历史事件。1910年底，孙中山在槟榔屿召集会议，决定在广州起义。由黄兴、赵声在香港组织统筹部，派人至新军、防营、巡警和附城一带的会党、绿林、游勇中活动，并向海外华侨募集经费，选拔八百骨干组成敢死队。林觉民到香港时，福建、广东、四川等地的革命党人已经纷纷前往广州集合。万事俱备，只欠东风。

4月15日，林尹民由日本回国，带来了六箱军械，他笑谈生死，"即使不幸而败，败而死，死而有知，也要化作厉鬼，驱逐虏贼。如果革命成功，中国必前途无量。"

24日，兄弟相见。按原定的26日举事，距他们慷慨赴死的时间，只有一天了。不知想到这即将到来的生死离别，二人之间有过怎样的对话，也许骨肉亲情未及相叙，便就此黄泉路上相伴了。可即便未置一词，他们之间也是彼此懂得的，同样的家庭出身，同样的革命理想，同样的最终归宿，他们是真正的手足，灵魂上始终紧贴着彼此。当夜，林觉民写下了令无数人断肠的《与妻书》，与至爱诀别：

意映卿卿如晤：

吾今以此书与汝永别矣！吾作此书时，尚是世中一人；汝看此书时，吾已成为阴间一鬼。吾作此书，泪珠和笔墨齐下，不能竟书而欲搁笔！又恐汝不察吾衷，谓吾忍舍汝而死，谓吾不知汝不欲吾

第二章 零乱的花影

死也,故遂忍悲为汝言之。

吾至爱汝,即此爱汝一念,使吾勇于就死也。吾自遇汝以来,常愿天下有情人都成眷属;然遍地腥   ,满街狼犬,称心快意,几家能够?司马青衫,吾不能学太上之忘情也。语云:"仁者老吾老以及人之老,幼吾幼以及人之幼。"吾充吾爱汝之心,助天下人爱其所爱,所以敢先汝而死,不顾汝也。汝体吾此心,于啼泣之余,亦以天下人为念,当亦乐牺牲吾身与汝身之福利,为天下人谋永福也。汝其勿悲!

汝忆否?四五年前某夕,吾尝语曰:与其使吾先死也,无宁汝先吾而死。汝初闻而怒;后经吾婉解,虽不谓吾言为是,而亦无辞相答。吾之意,盖谓以汝之弱,必不能禁失吾之悲。吾先死,留苦与汝,吾心不忍,故宁请汝先死,吾担悲也。嗟夫!谁知吾卒先汝而死乎!

吾真真不能忘汝也。回忆后街之屋,入门穿廊,过前后厅,又三四折,有小厅,厅旁一室,为吾与汝双栖之所。初婚三四个月,适冬之望日前后,窗外疏梅筛月影,依稀掩映。吾与汝并肩携手,低低切切,何事不语?何情不诉?及今思之,空余泪痕。又回忆六七年前,吾之逃家复归也,汝拉告我:"望今后有远行,必以告妾,妾愿随君行。"吾亦即许汝矣。前十余日回家,即欲乘便以此行之事语汝;及与汝相对,又不能启口。且以汝之有身也,更恐不胜悲,故惟日日呼酒买醉。嗟夫!当时余心之悲,盖不能以寸管形容之。

吾诚愿以汝相守以死。第以今日事势观之，天灾可以死，盗贼可以死，瓜分之日可以死，奸官污吏虐民可以死，吾辈处今日之中国，国中无地无时不可以死，到那时使吾眼睁睁看汝死，或使汝眼睁睁看我死，吾能之乎？抑汝能之乎？即可不死，而离散不相见，徒使两地眼成穿而骨化石；试问古来几曾见破镜重圆？则较死为尤苦也。将奈之何！今日吾与汝幸双健，天下之人，不当死而死，与不愿离而离者，不可数计；钟情如我辈者，能忍之乎？此吾所以敢率性就死，不顾汝也。

吾今死无余憾，国事成不成，自有同志者在。依新已五岁，转眼成人，汝其善抚之，使其肖我。汝腹中之物，吾疑其女也；女必像汝，吾心甚慰。或又是男，则亦教其以父志为志，则我死后，尚有二意洞在也。甚幸！甚幸！

吾家日后当甚贫；贫无所苦，清静过日而已。吾今与汝无言矣！吾居九泉之下，遥闻汝哭声，当哭相和也。吾平日不信有鬼，今则又望其真有；今人又言心电感应有道，吾亦望其言是实。则吾之死，吾灵尚依依旁汝也，汝不必以无侣悲！

吾平生未尝以吾所志语汝，是吾不是处；然语之又恐汝日日为吾担忧。吾牺牲百死而不辞，而使汝担忧，的的非吾所思。吾爱汝至，所以为汝谋者惟恐未尽。汝幸而偶我，又何不幸而生今日之中国！吾幸而得汝，又何不幸而生今日之中国，卒不忍独善其身！嗟夫！巾短情长，所未尽者尚有万千，汝可以模拟得之。吾今不能见汝矣！汝不能舍吾，其时时于梦中得我乎！一恸！

第二章 零乱的花影

家中诸母皆通文,有不解处,望请其指教,当尽吾意为幸。

辛未三月二十六夜四鼓
意洞手书

洋洋千言,字字珠玑。外人读来,尚且不忍跳过一字,何况是至亲至爱。陈意映看完这封信时,应体会到一个女人至高的幸福感和至深的悲痛。林觉民用情之深,应令万众感佩。这情,不止于男女情爱,更有将亲人之爱,扩展为对世人之爱。再加上那洞明世事的聪敏,超越时代的眼光,他真是万人之中挑不出一个的旷世佳人。

林觉民所言之国人各种死法,日后一一兑现,有革命而死的,有屈辱而死的,有亡命而死的,更有被饿死、被无辜屠杀的民众不计其数,相对而言,他的死法,是最为英明的抉择之一种,是死出了价值和分量的。他跨时代的思想见识,和勇于献身的精神,是民国时期那批具有先进思想的社会精英们的代表。

因日本、安南方面的枪械尚未运到,准备响应起义的新军第二标又有 5 月 3 日退伍的,原定 26 日的起义暂缓一日,十路进军的计划改为四路。起义前夜,林觉民向人谈起最后的心愿,说:"今试以余论,家非有龙钟老父庶母幼弟稚儿耶?顾肯从容就死,心之摧割,肠之寸断,木石有知。亦当为我坠泪,况人耶?"他希望以自己的死,换来同胞"一旦尽奋而起,克服神州,重兴祖国"。

可以说,林觉民并未奢望过革命能够在短期内成功,他的牺牲,是为了感化世人,越是壮烈,便越能煽动起民众揭竿而起的激愤。

27日下午5时30分，黄兴带领先锋一百二十余人，臂缠白布，手持枪械炸弹，连开三枪，拉开了广州起义的序幕。另有一路于吴公馆出发，目标是阻止城北龙王庙的防营部队到督署增援。督署卫兵进行了顽强的抵抗。两广总督张鸣岐逃往水师提督衙门。黄兴找不到张鸣岐，放火烧了督署衙门，冲杀出来时，正好碰上了水师提督李准的亲兵。林文听说李准亲兵内部有同志，不想互相残杀，于是高呼："我等皆汉人，当同心戮力，共除异族，恢复汉疆，不用打！……"话未喊完，即被对方击中，当场牺牲。

林尹民手执双枪，如张翼德再世，一连杀敌十余人，终因寡不敌众，弹尽身亡。林尹民的死，是绿林好汉般刚猛无比的死，他身中数十枪方才倒下，令敌人丧胆。黄兴被打断两根手指，还以断指继续还击。

起义军与清军奋战一昼夜，终因寡不敌众，以失败告终。林觉民杀敌多名，身负重伤被捕。黄兴战至最后只剩他一人，只得乔装出逃。这次起义，由于种种原因，事先安排好的各路人马，只有顺德会党数百人竖旗响应，其余人等均未行动，黄兴一路实际上成了孤军。

总督张鸣岐、水师提督李准亲自审讯林觉民。大堂之上，林觉民雄姿英发，器宇轩昂，从扬州十日嘉定屠城讲到汉人媚满，从世界形势讲到各国大事，直听得张鸣岐和李准心服口服。林觉民原本带着铁镣，张鸣岐和李准听到精彩处，命人将铁镣解开，让他端坐堂上书写供词。

　　林觉民文采斐然，纵笔一挥，洋洋洒洒下笔如飞。写到激动时，他解去上衣，以手捶胸，正气凛然。写完供词，林觉民接着纵声演说，劝说在座众位洗心革面，革除暴政，建立共和。狱中数日，他滴水不进，一位风度翩翩的美少年变得体无完肤，直至被清政府杀害。林觉民的从容殉道，是一首革命者唱响的嘹亮悲歌，这歌声如燎原的星火，激励着后来者奋勇向前。

　　林尹民、林觉民的死讯传到福建，林肇民大为悲恸，高呼："嗟夫！吾弟已矣，吾当力其所业而未就者。"武昌起义爆发后，林肇民发动福建全省官兵入同盟会参加起义，与清军相持三昼夜，光复福建。

　　林长民所走的政治道路和兄弟们有所不同，福建光复之后，他作为福建省代表参加上海召开的第一届各省都督府代表联合会时，主张以黎元洪为大元帅，与同盟会党人主张以黄兴为大元帅的意见产生分歧。会后不久，他在南京下关车站遇刺，所幸有惊无险。凶手被捕后，查实为同盟会党人，林长民未以追究。

　　接连失去了两个侄儿，林孝恂心下忧惧，得知儿子遇刺，老人家更是惊恐，待长民回到上海家中，便将他关在楼上，"累日不得出"。林长民的政治抱负是关不住的，他一心欲做治世之能臣，将个人得失置之脑后。

十七 抱负

三十几岁的林长民相貌非常英俊，从现存的一张三十三岁的照片来看，他眉目细致，轮廓分明，且有文雅之气，是当之无愧的美男子。林长民外表唯一的缺陷，大概是身材不高，时人评价他："躯干短小，而英发之概呈于眉宇。貌癯而气腴，美髯飘动，益形其精神之健旺。"内外兼修的林长民，怀抱着远大的政治抱负，宦海沉浮近二十年。

在上海短暂地享受了一段纸醉金迷的生活之后，林长民被推荐为民国临时参议院秘书长。一年以后，袁世凯设立临时参政院，他又任参政院秘书长。这是一个难得的职位，可惜袁世凯设立参政院，只是一个幌子，他的目的是要实行独裁，因此林长民只不过是占了个虚位罢了。虽为虚位，林长民俊美的文才、绝妙的谈吐，条理分明的处世方式，还是受到了大家的认可，展现了自己出众的办事能力。

当时的政治格局十分复杂。以孙中山、宋教仁为首的国民党政府在国会中占大多数席位，袁世凯政府对国民党的强大有所担忧，立宪派也对此局面颇为头疼。1913年5月，袁世凯出资二十万，支持共和党、民主党、统一党，三党合并为进步党。进步党以黎元洪为理事，这名理事实际上并不理事，真正的主事人是梁启超，林长民也是骨干分子。第一届国会恢复后，进步党和国民党有过短暂的合作，之后随着北洋军阀的权力之争，分歧越来越大。

为了拉拢进步党，袁世凯设立了内阁，吸收梁启超等社会名流为内阁成员。然而这个所谓的内阁，非但没有为进步党人提供尝试民主立宪的机会，反而被迫同意先选举总统，再制定宪法。袁世凯试图恢复帝制的丑恶嘴脸暴露无遗，为了挽救共和，梁启超与蔡锷共同商议，精心策划了反对袁世凯的护国运动。

袁世凯病逝之后，林长民与友人张国淦致力于临时约法的制定和第一届国会的恢复。1917年，林长民受副总统冯国璋之聘，再任秘书长。为了让中国能够侧身于国际团体之林，他力劝冯国璋与德宣战，并在"府院之争"中站到了主战的段祺瑞一边。

不久之后，由于辫子大帅张勋上演了一出复辟的闹剧，段祺瑞赶走了黎元洪，冯国璋当上了总统。实权在握的国务总理段祺瑞重组内阁，林长民、梁启超作为"再造共和"的功臣，纷纷被邀加入。林长民在内阁任职期间，袁世凯表弟张镇芳因参与张勋复辟，被判处无期徒刑。张镇芳以十万银元贿赂林长民，希望得到赦免。

林长民断然拒绝。

在北洋政府任职期间，林长民两袖清风，不投机，不受贿，只为心中的政治理想而战。他这种与众不同的从政理念，在那个走马灯似的更换政权的政府中，是一道扎眼而孤独的风景。

在不断的纷争中，梁启超渐渐看清了这些执政者的本来面目，这闹哄哄你方唱罢我登场，争的无非是权力二字，哪有谁认真考虑过如何立宪的问题？他们这些心怀美好革命理想的人，只不过是被这些野心家拉来做幌子而已。梁启超不想陪这些人玩了，渐渐淡出了政界。

林长民还不肯死心，继续留在风云变幻的北洋政府。1919年5月，他不顾自身处境，在《晨报》上发表了《外交警报敬告国民》的短栏新闻，向万千国民揭露了政府暗地里卖国的丑闻，并振臂呼吁"国亡无日，愿合我四万万众誓死图之"。

《晨报》是进步党当时在北京地区握有的两家重要报纸之一，在知识界具有很强的号召力，此文一经发表，顿时像点燃了巨型炸弹的引线。两天之后，北京十二所学校三千多名学生举行了示威游行，烧毁了赵家楼曹汝霖的住宅，将章宗祥痛打了一顿。著名的五四运动由此爆发。

总统徐世昌怀疑林长民是学生暴动的幕后主使，后又因《统一铁路呈文》一事，林长民的良知与仕途发生激烈冲突，遂向徐世昌请辞，离开了那块是非之地。

在林长民经历政治上的翻云覆雨时，正是林徽因从一名婴儿长成少女的时期,这就难怪她那孤独的童年中,总是少了父亲的陪伴。站在一个女儿的立场上,林长民对儿女的忽视,确实应该受到劈头盖脸的指责,父爱的缺失,直接造成了徽因心灵上终生未能挣脱的孤独感;站在一个有志之士的立场,林长民的所作所为,似乎又让人无从指责。他心系着四万万同胞的利益,以国人的幸福生活前景为己任。这样的人,谁还能说什么呢?

随着父亲官场的失意,女儿迎来了她人生中最为得意的时光。1919年林长民当选为国联同志会的理事,次年携女赴欧洲考察,因而有了林徽因一年半的欧洲之旅。林长民紧锣密鼓地忙碌了十几年,终于有了一段相对悠闲的日子。他开始整理自己的思绪,想起了未能结果的初恋,反思了被传统婚姻束缚的感情。在伦敦与徐志摩结识之后,两人有感于在旧式婚姻制度下的相同苦闷,玩起了互通情书的游戏。

林长民和徐志摩共同假设了一个情节:徐志摩扮演一个有夫之妇,林长民扮演一个有妇之夫,双方都对已有的旧式婚姻极其不满,在惺惺相惜中爱上了对方。林长民扮演的有妇之夫,在写给徐志摩这个有夫之妇的情信中,有一句话说"万种风情无着地"。这句话是林长民和徐志摩当时情感处境的真实写照,他们都是细腻感性的人,有着关于爱情的美妙幻想和为爱献身的精神,却不知道这幻想应该如何落到实处,也找不到那个可以为之献身的人。

林长民的爱情梦想,只能在"假戏"中得到慰藉,徐志摩却找到了他的真命天女,他爱上了林长民的女儿林徽因。这意外的枝节，真令林长民这个"伪情妇"哭笑不得，跟父亲谈着恋爱的"女人"，居然爱上了他的女儿，世间还有比这更为荒唐的事情吗？

徐志摩多次劝说林长民远离政治。做一名文人雅士岂不比混在那政治的污水里更为惬意？可林长民心中的治国梦想，从来就没有真正的熄灭过。1922年6月，他被补选为宪法起草委员会委员，直接参加制宪工作，这让他在干涸的沙漠里，又望见了不远处的海市蜃楼。

然而半生忙碌，终归都是一场泡影。林长民的人生，就像一盆熊熊燃烧的炭火，浇灭了重新燃起，浇灭了又重新燃起，只要还残余一星火花，他就能将整个火盆焐热，直到燃烧起新一轮的火焰。终于，1925年的一天，残酷的现实给这盆火浇下了最后一盆冷水，他的生命之火从此熄灭了，死灰再也没有复燃的机会。

1925年11月，奉军将领郭松龄起兵反奉制止内战，急欲得一有政治才略的人物相助。有人举荐林长民，郭松龄于是派人前往游说。林长民此时政途不顺，感念郭松龄知遇之恩，半推半就入了郭府做高级幕僚。12月张作霖包围了郭军司令部，一战之下，郭军惨败。出逃途中，林长民和郭松龄下车躲避，被流弹击中身亡。

壮志未酬，功业未就，"无端与人共患难"，死得糊里糊涂。林长民忙碌一生，竟得了这样的结局。师友纷纷对他的遭遇表示痛惜，林白水在《社会日报》上撰文评论林长民："卿本佳人，奈何做贼？"林白水的看法，代表了大多数人没有明说的想法。

在众人看来，林长民只是军阀权力之争中的一颗棋子罢了，最后死于素不相识，且无相同政见的郭松龄军中，真是可笑可叹。还是梁启超了解林长民，作为多年老友，对他的选择，梁启超多了一些理解和同情。他在挽联中写道："天所废，孰能兴，十年补葺艰难，直愚公移山已；均是死，容何择，一朝感激义气，竟舍身饲虎之。"

　　这副挽联，道尽了林长民的一生。可不就是这样？他看似毫无原则地跟随不同的首领，只为心中不变的初衷。他只是想实现为中华民族立宪的美好梦想而已，不管那个统领者是谁，只要他是真正奔着实现民主立宪的方向而去，他就毫不犹豫地跟随。但是在有些人眼里，他这种行为就是墙头草，风往哪里吹，他便往哪边倒。如果生逢治世，他本可以大有作为，一展宏图。无奈在军阀混战的年代，他的梦想便成了政治竞技场上的工具。他这悲剧的命运，正是时代所造成的。

十八 领悟

父亲就这样死了，为了他所谓的理想而死，听着他死后众说纷纭的评价，林徽因心底有着深深的疑惑。一个那样风流多才活生生的人物，就这样仓促地完结了生命，他一生孜孜以求的理想，究竟有何意义？

联想起幼时听到叔父林尹民与林觉民的死讯，那时亲友之间也各持不同的看法，林徽因渐渐明白，每个人这一辈子都有自己来到世间的使命。有些人是为了繁衍子孙而活，有些人是为了光宗耀祖而活，有些人是为了艺术而活，有些人是为了爱情而活，她的叔父、父亲，是为了心中的信念而活。不管他们的理想最终能否实现，不管他们的生命将被如何曲解与演绎，只要他们自己明白自己在做什么就够了。

求得世人的理解本来就是很难的，这世界上的事原本大多数都是徒劳无功。一个王朝建立了，又会走向毁灭；一个城市繁荣了，

第二章　零乱的花影

又会逐渐衰败；一个人出生了，活得再灿烂也要迈入坟墓。世间万物，就是这样循环往复。生而为人，不过是尽自己所能尽的那份力罢了。

林徽因想到了她自己，既已踏出了第一步，她此生的使命，便是为建筑业而活。人生的主题只有这一个，其余一切，美好的丑陋的，都是这部人生大片的插曲而已。

1927年3月，胡适到宾大演讲，谈及林长民的死唏嘘不已。胡适说："最初听到消息，只觉得太奇特，太荒唐，太不近情理，怎么也不愿意相信。最可叹息的是，这些年在研究历史的过程中，深感中国最缺乏纪实的、具有史料价值的文学作品，所以到处劝老辈朋友们写自传，可他们虽然答应了，却迟迟没有动笔。林宗孟先生曾答允要以'五十自述'做自己的五十岁生日纪念，可到了五十，他却说，'适之，今年实在太忙了，自述写不成了；明年生日我一定补写出来'。谁知他说走就走了。他那富于浪漫意味的一生就成了一部人间永远不能读到的遗书了！"

胡适道出了林长民原本最适宜于做出贡献的领域，便是为中国留下最为真实的具有史料价值的文学作品，可惜他一心渴望济世救民，将自己的价值白白荒废了。他本应是个文学家，却充当起了"政治家"的角色，其结果充其量算得上是一个"行为艺术家"，以自己毕生的际遇，诠释了那个乱哄哄的时代。后人可以通过解读他的人生，来还原那个时代的某部分现实。

美国三年。离开家庭的孤独，学业的繁重，情感的挫折，失去亲人的痛苦……林徽因经历了很多。胡适说她老成了好些。阅历的增加，让她改掉了在北京被惯坏的毛病，现在是从理想主义的阶段，慢慢走向了现实主义。

徽因理想主义情怀的收敛，除了以上原因，大概还跟另一件事情有关，那便是将她捧在手心像女神般供奉的徐志摩，有了新的爱人。

两年前，徐志摩结识了另一位才貌双全的女子——陆小曼，两人很快进入热恋。彼时林徽因跟梁思成并不是非常合拍，正承受着学业的枯燥和思成的冷落，这双重的乏味，令她怀想志摩的风趣活泼。听到从国内传来的关于他恋爱的消息，徽因心里有着不可言说的酸涩。是她放弃了他，他要去爱上别的优秀的女人，她也没什么可说的。只是，这爱，未免走得太快了些。不是前不久还向她怎样炽热地表白么？怎么转眼间已将这炽热去烘烤另一个人的心？

像漫天烟火般灿烂繁华的爱情，竟会走得这样快？林徽因对徐志摩的歉疚，被一丝淡淡的失望取代。再加上志摩所写的一首名为《偶然》的小诗，似乎是在为他们的故事作结，徽因更感觉到情感上的虚无。

那首流传甚广的小诗是这样写的：

> 我是天空里的一片云
> 偶尔投映在你的波心
> 你不必讶异

第二章 零乱的花影

> 更无须欢喜
> 在转瞬间消灭了踪影
>
> 你我相逢在黑夜的海上
> 你有你的，我有我的，方向
> 你记得也好
> 最好你忘掉
> 在这交会时互放的光亮

说得没错，在转瞬间便消失了踪影。她不曾奢望过这份被她亏欠的情感能够保留一生，但是以他们感情之浓烈程度，至少应该是要持续一段时间的吧，怎么会这么快，便像云一样飘走了呢？

徽因希望志摩能够幸福，可她同时也希望自己那烟火般绚烂的爱情故事，能够拥有更持久的生命力。她选择了思成，那是平淡现实生活中的一份真实，而志摩的爱，是她理想世界的后花园。在贫乏的现实中日渐干涸之时，她渴望能够到那琳琅满目的后花园中小憩片刻，没想到她离开不久，那花园便被别的佳人侵占了去。也许被烟火装点的夜空，本来就是短暂的吧，真实的夜色里，只有那漫无边际的黑和偶然闪现的微弱星光。

可是志摩连那星光都不愿意为她保留呢，却劝说她最好忘掉这交会时互放的光亮。叫她怎么忘？发生过的一切，已经镂刻在生命深处，能够用一句诗歌一笔勾销吗？

徽因对志摩的态度，是有过不满的。特别是当胡适把志摩的婚讯告诉她时，对爱情的质疑，充满了她感性的心。这时候林徽因不过二十三四岁，虽说生活的历练让她成熟了好些，毕竟还不能做到真正的豁达。她的内心还不够强壮，要真正理解这人世的风雨，还需要更多的思考。

胡适走后，林徽因翻出徐志摩跟她所有的通信，一封封从头读起。当她以现在的心态重新理解那字里行间的意义，这才真正梳理出他们之间真实的关系，对她自己和那个热恋过她的男人，有了更为贴切的理解。此时的她，才真正懂得了徐志摩这个男人。那一夜，她辗转难眠。

那是林徽因情感上最为纠结的一晚，在摸不着方向的黑暗里，她艰难地清理着杂乱的思绪，慢慢引导着自己重新看见人性的光亮。第二天，她给胡适写信："请你告诉志摩我这三年来寂寞受够了，失望也遇多了，现在倒能在寂寞和失望中得着自慰和满足。告诉他我绝对地不怪他，只有盼他原谅我从前的种种不了解，但是路远隔膜误会是所不免的，他也该原谅我。我昨天把他的旧信一一翻阅了，旧的志摩，我现在是真真透彻地明白了。"她又说："但是过去，现在不必重提了，我只永远纪念着。"

回不去了，她是明白的。为着当年的稚嫩，她是有所遗憾的。然而遗憾又怎样？生活是一条不断向前流动的河流。她不再是当年坐在伦敦壁炉前咬着指甲梦想爱情的小姑娘了，时光的河，将她送到了新的河道里。这段河道，远离了她柳暗花明的少女时代，与她眷恋的父爱，永远不再有交叉点。一切都已经流过去了，没有回头路可走。再往前去应是夏季，春天的路走完了。

第三章
挎上带羽翼的箭

第三章 挎上带羽翼的箭

一 轰动大洋彼岸的新娘

　　林徽因和梁思成的结合，是瓜熟蒂落。他们的婚礼，用的是当时最前卫最高端的方式——旅游结婚。

　　梁启超主张儿子、儿媳旅游度蜜月，可不是为了让他们显摆时髦，他是希望这对新人多收集些有价值的资料，以备回国之后研究所用。

　　按照梁启超的安排，梁思成和林徽因先到加拿大渥太华举行婚礼。新人不愿在教堂行宗教式的结婚仪式，婚礼由思成的姐姐梁思顺和姐夫周希哲主持，在中国驻加拿大的总领事馆里举行。

　　林徽因亲手给自己设计了一套结婚礼服。她在耶鲁大学戏剧学院帕克教授的工作室学习过舞台美术设计，便把舞台服装的元素融入到结婚礼服中来，再配上东方式的头饰，非常有特色。这套礼服轰动了加拿大新闻界，无数记者赶来拍照采访。梁启超收到寄回的照片也颇为欣赏，在写给女儿的信中，他说："婚礼照片今日收到，合家争观皆大欢喜。新郎新妇皆光彩照人，思成自然一片丰腴俊秀，尤令我观之不厌。"

一对新人远在国外，国内的长辈亲友也没为他们的事情少花心思。虽结婚仪式未在家中举行，但订婚、行文定礼等一切按老规矩进行。

梁启超在信中，详述了北京家中为他们准备订婚仪式的情形：

这几天家里忙着为思成行文定礼，已定本月十八日（阳历）在京寓举行。因婚礼十有八九是在美举行，所以此次行文定礼特别庄严慎重些。晨起谒祖告聘，男女两家皆用全帖遍拜长亲，午间宴大宾，晚间家族欢宴……今将告庙文写寄，可由思成保藏之作纪念。

聘礼我家用玉佩两方，一红一绿，林家初时拟用一玉印，后闻我家用双佩，他家也用双印。但因刻印好手难得，故暂且不刻，完其太璞。礼毕拟将两家聘礼汇寄坎京，备结婚时佩带，惟物品太贵重，深恐失落。届时当与邮局海关交涉，看能否确实担保，若不能，即仍留两家家长处，结婚后归来，仍授予宝存……（1927年12月12日，梁启超给梁思成、林徽因的信）

怀抱里那肉嘟嘟的小不点儿，如今竟要成婚了，梁启超禁不住满心喜悦。他写信给思成，告知家中热闹景象，不免也感伤起思成母亲的早逝。此时梁启超的身体也不是太好。徽因父亲去世后不久，在为他的后事奔走时，梁启超已发现小便带血，后经检查肾脏出了问题。他不愿儿女担忧，未将病情相告。

林徽因在梁启超的安排下和梁思成重游了欧洲，有了专业的建筑学知识，她眼中所见，与少女时代的一派欢乐景象不同，这一回不是纯粹意义的游玩，更像观看建筑标本。徽因开玩笑说，丈夫给她拍的照片带有浓重的学术研究气息，所有的人物都拍得小小的，建筑物则力求全貌，根本就是把她当作标尺来使用。

她和他，已注定是一对事业上相互扶持的伙伴，新婚夫妻的甜蜜，倒是退而求其次的追求。

她对爱情褪去了完美主义的倾向。十六岁时，少女渴望的伴侣，是她讲出前半句话，他便能接下去后半句，现在，她只希望她讲述的时候，他在认真听着。

可惜这平淡中偶有喜悦的蜜月旅行，也未能进行到最后。6月23日，中国驻法大使馆转来梁启超的电报，催夫妇二人速回。

电报上未尽述催促他们回国的原因，回到国内才知道：一是父亲为他们谋定了东北大学的教职，须赶在七月底前到家准备前往东北就任；二是梁启超病情恶化，到了性命攸关的时刻。

梁启超是坚定的西医拥护者，可怜他的性命，正葬送在他极力推广的西方医学上面。

梁启超发现小便带血之后，到北京的德国医院做了检查，医生说没发现什么恶化征兆。他喝了一段时间中药，病情不见好转，就再次到北京协和医院问诊。这次诊断出一个肾有病变，要动手术。

梁启超一向乐观，他认为手术切除了坏肾之后，就应该没什么大碍了，只需调养身体，等待恢复。然而做完手术之后，他的小便仍有血尿，医院给出的说法是他操劳过度，需要多加休息。梁启超是个闲不住的人，要他彻底的休息，几乎是不可能的事情。因此他的病情持续恶化，一度被误认为是不够配合医生的治疗，从没想到内中另有隐情。

在写给儿子、儿媳的信中，梁启超爽朗地说，为了补充他排便的尿血，医院定期两三个月给他输血一次，输完血之后，他的身体大有进步。事实上他一天天衰弱了下去，1929年1月19日，梁启超五十五岁，未满花甲，便永远地离开了他所眷恋的亲人们。

梁思成在给父亲的悼文中写道："我父亲一向健康，很少生病。"他开篇这一句令后人深思的话，原本只是想表达对丧父之痛的意外，却无意中道出了一个隐秘的实情。是的，梁启超的身体一向健康，他的生命，本不应该如此匆忙谢幕。

1971年，梁思成从为他就诊的医生那儿得知了父亲早逝的真相。鉴于梁启超的知名度，协和医院指派著名的外科教授刘博士来做他的肾切除手术。当时的情况不久由参加手术的实习医生私下讲出，据他们说，病人被推进手术室后，值班护士用碘在肚皮上标了位置，结果标错了地方。刘博士没有仔细核对X光片，照着错误的标识，切除了梁启超的好肾，留下了病变的那只。这个错误在手术之后立刻被发现了，但由于协和医院的声誉，被当成高度机密隐瞒了起来。

梁启超的好友张雷跟这两位实习生很熟，他向梁思成确认了这件事。张雷说，直到现在这件事情在中国还没有很多人知道，但他从和刘博士相熟的人那儿知道，自从这次手术之后，刘博士就不再是充满自信的外科医生了。

还有一点也可以作为此事真实性的依据，那便是在梁启超手术后九个月，刘博士便辞去了协和医院外科医生的职务，到国民政府卫生部当政务次长去了。

得知真相后，再看梁思成所写"我父亲一向健康，很少生病"这句话，怎能不令人痛惜？痛惜之外，或许还有无可宣泄的愤怒。

二　杀父仇人

萧公权在其 1972 年出版的自传《问学谏往录》中，有一段关于林徽因和张学良的描写。文中说张学良在东北大学开学后宴请款待新到的教授，各院长、系主任和一部分旧教授作陪。梁思成是建筑系主任，林徽因作为他的夫人，很有可能也参加了宴会。以张学良对女人的兴趣，见到美丽知性的林徽因，不感兴趣似乎不太可能。

萧公权写道："有一件很少人知道的事，也可以作为他品性的写真。当我在东北任教时，梁思成、林徽因也在那里任教授。'少帅'见了这位女教授十分倾倒，嘱人向她致意，请她做家庭教师。她婉辞谢绝，等到课务结束，立即同着丈夫离开东北。"萧公权 1928 年秋开始在东北大学任教授，文中所说的"他"指的即是萧公权眼中的纨绔子弟张学良。

在萧公权笔下，张学良对有夫之妇感兴趣是有名的。他写张学良谈论如何取悦女人，说男人就是要有闲，他没有闲，可是他有权势。谈笑间自信爆棚，完全是一副妇女之友的形象。

据萧公权所说，张学良和林徽因，是落花有意流水无情。岂止无情，严格地说，张学良算得上林徽因的杀父仇人。当年林长民做郭松龄幕僚，正是被张学良的父亲张作霖的部队打死的。

既是仇人，林徽因怎么会到东北大学来任教呢？

这是她除了父亲最为敬重的长辈梁启超所做的安排。

在宾大学习时，林徽因和梁思成的成绩都非常优秀，克雷教授的建筑事务所主动邀请他们毕业后为其效力。这对一般刚刚走出校园的新人来说，是个求之不得的机会。梁思成担心那种毫无创意的重复性工作会泯灭他的创作灵感，再加上他正在做关于中国建筑史的研究，需要实地考察收集资料，虽然建筑事务所的收入不菲，他还是希望回到动荡不安的国内去。

梁启超也力主他们回国。他认为儿子儿媳在外学习这几年，其根本意义，应是回到祖国，将所学悉数用于为祖国做贡献，而不是单纯为自己谋求发展。梁思成有些迷茫，国内混战不断，民不聊生，他一介书生，找得到为国出力的落脚点吗？梁启超写给儿子的一封信上，间接地回答了这个问题。

思成来信问有用无用之别，这个问题很容易解答，试问唐开元、天宝间李白、杜甫与姚崇、宋　比较，其贡献于国家孰多？为中国文化史及全人类文化史起见，姚、宋之有无，算不得什么事。

若没有了李、杜，试问历史减色多少呢？我也并不是让人人都做李、杜，不做姚、宋，要之，要各人自审其性之所近若何，人人发挥其个性之特长，以贡献于社会，人才经济莫过于此。

评价一项事业的意义，要超越时代，打破陈规。梁启超疏导儿子的这段话，对每个年轻人都具有参考意义。

梁启超最初的打算是安排梁思成入清华大学任教，他为此曾托请清华校长帮忙，希望他们在清华增设建筑图案讲座。校长表示对此事不能擅自做主，需经过学校评议会投票决定。梁启超打算倘若进不了清华，便让儿子到上海大藏画家庞莱臣处，做几个月义务秘书。最坏的打算是在家赋闲一二年，为日后工作做些学问上的准备。

不久之后，另一个机会引起了梁启超的重视。思成的同窗好友杨廷宝接到了沈阳国立东北大学的邀请，聘请他担任建筑系的主任，杨廷宝当时已接受了一家建筑师事务所的聘书，就推荐梁思成前往担任这个职务。清华那边情况不明，东北大学又求贤若渴，梁启超衡量之下，为儿子做出了选择。

在写给大女儿的信中，梁启超说："东北大学更好一些，因为在那里开创一个建筑师事业的前景很好。他可以在那里成立一家事务所，从小开始，慢慢做大。"（费慰梅《林徽因与梁思成》）

梁启超海阔天空的胸襟，根本没有去想什么家仇私恨，既是为了做学术研究，那便一切从有利于研究的方向出发。他是个通透的人，可惜这通透未必人人都懂。有人说梁思成和他那既是伟大学者又是糊涂政客的父亲一样,是个充满矛盾的人。其实梁启超一点都不糊涂,梁思成当然也并不矛盾,包括被人诟病的林长民,也无甚自相矛盾处。他们所做的每一步抉择,再清楚明白不过了。

梁思成担任东北大学建筑系主任时,才是一个二十出头的青年,刚从校园里走出来,当时建筑学在中国又是一门新兴的学科,除了南京中央大学机械系设有建筑专业外,全国仅此一个建筑系。梁思成没有任何参考的样本,连教材都要自己编写,他等于是从零开始,从无到有地一点点建立起来。

很多来报考建筑系的学生,连建筑是什么都不知道。梁思成说起来教的是大学,却跟教小学生一样,要从最基础的专业知识开始启蒙。这份工作,就好比在金三角垦荒,要从一无所有中种出粮食。这个比方并不夸张。那时的东北,依然属于边疆地带,治安相当混乱,土匪出没是常事。东北大学建在城郊,经常有土匪们纵马从门口飞奔而过。林徽因有时见了那披着大红斗篷的剽悍男子,除了紧张和恐惧,竟会生出一丝罗曼蒂克的想法。

徽因是真正的艺术家,非艺术家不能在这样骇人的场面里感受浪漫气息。对于思成来说,有劳妻子跟随着到这荒蛮之地,既感谢又有些歉疚。徽因却并不以此为苦,她以极大的热情投入到教学中,且用那东北的苍茫壮阔来做了她创业的背景。二人教学风格各异,思成沉稳精准,徽因活跃生动,学生被这两位知识渊博、外表时髦的年轻先生迷得团团转。

到东北大学任教不久,学校公开征集校歌和校徽,林徽因设计的白山黑水图,一举夺得最高奖金。传说张学良平时本不负责行政事务，听说林徽因有设计作品参赛，便亲自担任评委会主席，以期与林徽因多接触几回。甚至有人说林徽因的设计杀出重围，与张学良的青眼有加密不可分。

这些传言无可查证，少帅对徽因是否有好感，也不是非常重要的事情。白山黑水图一直到今天仍然广受好评，这便是对林徽因获奖最有力的回答。如果说张学良确实因为林徽因的参赛而格外关注那次征集活动的话，那也只能证明徽因的美貌和气质确实令人倾倒，徽因的才华也确实令少帅欣赏。

在东北待了两年，林徽因的肺病越来越严重，不得不停下工作到北京静养治疗。有人说林徽因离开东北，不仅仅是身体方面的问题，张学良的追求带来的困扰，才是促使她断然半道离职的真正原因。林徽因离职后不久，梁思成也辞去了教职，这似乎印证了传言。如果不是迫于张学良的压力，既然夫妻双方都打算离职，林徽因为什么要先梁思成一步而走？她当时的身体并没有到刻不容缓的程度，为什么不随同丈夫一起回到北京？她一个病人治疗期间有丈夫的陪伴，不是比独自养病更好吗？

另有一种说法，是由于东北形势紧张，张学良又是一派军阀作风，常常扬言要枪毙有所纷争的各派教员，这让受过欧美思想教育的知识分子们受不了。与其待在这样一个随时可能会发生战争的苦地方伺候这么个土皇帝，还不如回到北京另谋发展。

这几种说法，都各有各的道理，不知哪种才是徽因和思成最真实的想法，或者各种原因都有一点在里面吧。那时的中国本来就是一团乱麻，他们的生活也无法再像在象牙塔里那样纯粹。

三 似是故人来

　　林徽因1930年冬天回到北平静养,梁思成护送她回来之后,又赶回学校完成了1930—1931年度的教学任务。这期间有几个月,她是在徐志摩的陪伴之下度过的。

　　梁思成就林徽因的病情跟徐志摩商量过。他手头的工作放不下,林徽因又需要早日得到治疗,不知如何处理方才妥当。徐志摩主动提出可让林徽因先行返回北平,他会时常前去看望。有徐志摩的照顾,梁思成自是放心,于是依言照办。又有一说是梁思成宁可让徐志摩陪伴林徽因消遣,也不愿让张学良骚扰爱妻。

　　徐志摩见到刚从东北返回的林徽因和梁思成时,忍不住笑话他们瘦得像一对猴儿。笑完,心里又泛起涩涩的滋味。徽因瘦得脸上的骨头都突出来了,看上去委实可怜。

　　病情确诊之后,林徽因于次年三月移居北平西郊香山疗养。徐志摩常常到山上来看望她。病中的人最怕寂寞，何况林徽因本是个爱笑爱闹的人。她这病情，不是一日两日能够好得了的。长时间蜗居山中，真正把她闷煞了。也只有徐志摩这样的贴心人，才会想着常来看望吧。沈从文、金岳霖、张奚若等人也来过，唯有徐志摩来得最勤，也唯有他的到来，能够给她带来最大的快乐。

静下来了，慢下来了，前尘往事，潮水般在自然的感召之下，自顾自地漫上来了。很多没来得及说的话，都有了诉说的空间。没来得及细细端详的容颜，也有了好好看看的时间。

徐志摩过得并不好，他新娶的夫人并没有带给他梦想中的完美爱情，反倒是给了他一笔巨大的开销和无止境的争吵。林徽因的憔悴，是为疾病摧残；徐志摩的憔悴，则是为他付出巨大代价追求来的感情所摧残。两个过得都不怎么好的人，坐在双清别墅旁边一排矮矮的平房前互相倾听，互相鼓励。

当然，除了彼此的烦恼，他们说得更多的，还是有关于文学方面的话题。徐志摩日后常常想念这段时间与林徽因的清谈，想念那爬满了绿萝的矮墙。他多想能够重新回到那些喝着绿茶的午后，看阳光一点点在藤蔓上挪动，看他爱过的女人娴静地笑望着他的眼睛。

在徐志摩的鼓励之下，林徽因开始了诗歌创作。志摩来了，他们一起谈诗。志摩走了，她便沐浴更衣，穿一袭洁白的睡袍，焚一炷香，在清冷的月光下写诗。他来的时间总是少，她写诗的时间自是多。山中的宁静和孤独打开了她创作的天窗，接连不断的灵感如雪片般自天而降。

《谁爱这不息的变幻》是林徽因在这段时间创作的流传较广的诗歌之一：

> 谁爱这不息的变幻，她的行径？
> 催一阵急雨，抹一天云霞，
> 月亮，星光，日影，在在都是她的花样，
> 更不容峰峦与江海偷一刻安定。
> 骄傲的，她奉着那荒唐的使命：
> 看花放蕊树凋零，娇娃做了娘；
> 叫河流凝成冰雪，天地变了相；
> 都市喧哗，再寂成广漠的夜静！
> 虽说千万年在她掌握中操纵，
> 她不曾遗忘一丝毫发的卑微。
> 难怪她笑永恒是人们造的谎，
> 来抚慰恋爱的消失，死亡的痛。
> 但谁又能参透这幻化的轮回，
> 谁又大胆的爱过这伟大的变幻？

与一般女诗人热衷抒发失意情怀的作品不同，林徽因一起笔，即宇宙万物的大气魄，诗歌具有一定的哲理性，是她前半生对爱情对世事的思考所得。林徽因意识到世界是瞬息万变的，这种不确定

性，曾经令她长时间感到不安，而现在，她渴望以博大的胸襟去热爱这变幻，去投身于这伟大的变幻当中。

一开写便以哲理诗起笔，林徽因大概有些特意独树一帜的想法。以她好强的个性，不甘于跟所有女诗人混为一谈。既然要写，便要写得别开生面与众不同，要让读者一眼便记住这个作者，记住她特殊的文字气息。

林徽因的目的达到了，她第一批诗歌一经发表，便为自己在诗歌界占领了一席之地，给人留下了鲜明的印象。她的诗就像她的人一样，清雅秀丽中透着机智，一看便知林徽因所作。

与这首诗同时发表的，还有一首据说是写给徐志摩的情诗。传播这种话的人，肯定不是从事文学创作的人。真正搞创作的人肯定知道，所有的作品，严格意义上来说，只能是写给自己的，这是一个作者无法逾越的局限。

当然，所有的作品，必然会带上现实生活的印痕，尤其是那些在作者生命中特别重要的人和物的印痕。林徽因写《那一晚》的时候，也许就是徐志摩刚刚从她的茶桌边离开不久的夜晚，也许就是他们刚刚谈论完在伦敦漫步的悠闲时光的夜晚。在这样的夜晚，再超凡脱俗的诗人，也难免在作品中留下真实生活的蛛丝马迹。

那一晚我的船推出了河心，
澄蓝的天上拖着密密的星。

那一晚你的手牵着我的心，
迷惘里星夜封锁起重愁。
那一晚你和我分定了方向，
两人各认取个生活的模样。
到如今我的船仍然在海面漂，
细弱的桅杆常在风涛里摇。
到如今太阳只在我背后徘徊，
层层的阴影留守在我周围。
到如今我还记着那一晚的天，
星光、眼泪、白茫茫的江边！
到如今我还想念你岸上的耕种，
红花儿黄花儿朵朵的生动。
那一天我希望要走到了顶层，
蜜一般酿出那记忆的滋润。
那一天我要跨上带羽翼的箭，
望着你花园里射一个满弦。
那一天你要听到鸟般的歌唱，
那便是我静候着你的赞赏。
那一天你要看到零乱的花影，
那便是我私闯入当年的边境！

徐志摩的探访引来了许多风言风语，好在梁思成是位君子，并不往阴暗的境地揣测。民国时期真正的知识分子是非常绅士的，他们对于女性，绝不是私欲的占有，男女之间的情感是自由的，就算已婚，各自仍然享有爱慕其他异性的自由。

对妻子张兆和一往情深的沈从文，就曾经喜欢过一位年轻的女作者，并且毫不避讳地在书信中向妻子谈及此事，可见在他心中，这份婚姻之外的感情是纯洁而高尚的。鲁迅也曾对萧红产生过非同一般的感情，虽然不能武断地说那就是爱情，但至少是远远超过普通男女朋友的情感了。名门闺秀凌叔华也曾对一名青年男子动过心。至于蒋碧微、丁玲等等这些勇于追求个性解放的女性就更不必说了。

梁思成相信，徽因既然选择了他，那便是对他的爱恋超越其余所有男子的证明。一位具有现代意识的女性，应该会尊重她内心的情感，绝不会做出背叛自己的事。

徐志摩死后，林徽因在写给胡适的信中，也佐证了梁思成的想法。她说，志摩的死，令她后悔当初不该对他采取那样的态度，可是如果他仍然活着，她对他也仍然不会改变的，这便是她爱思成超过所有人的证明，也便是她爱她的家超越其余一切的证明。

徐志摩的情感，却不像林徽因这么笃定。他的心湖，被香山一次次的深谈给扰乱了。七月七日，他给徽因写了一封信，这是迄今为止被发现的唯一一封保留下来的二人之间的通信。

信中，徐志摩表达了对林徽因、梁思成夫妇的牵挂，并附上了一首新作的诗歌。这首诗，志摩没有指明是写给谁的，从字里行间读来，那仿佛是他对徽因做的最后一次表白和诀别。

徽音：

　　我愁望着云泞的天和泥泞的地，只担心你们上山一路平安。到山上大家都安好否？我在纪念。

　　我回家累得直挺在床上，像死——也不知哪来的累。适之在午饭时说笑话，我照例照规矩把笑放在嘴边，但那笑仿佛离嘴有半尺来远，脸上的皮肉像是经过风腊，不能活动！

　　下午忽然诗兴发作，不断地抽着烟，茶倒空了两壶，在两小时内，居然诌得了一首。哲学家（指金岳霖）上来看见，端详了十多分钟，然后正色地说：It is one of your best。但哲学家关于美术作品只往往挑错的东西来夸，因而，我还不敢自信，现在抄了去请教女诗人，敬求指正！

　　雨下得凶，电话电灯会断。我讨得半根蜡烛，匍匐在桌上胡乱写。上次扭筋的脚有些生痛。一躺平眼睛发跳，全身的脉搏都似乎分明的觉得。再有两天如此，一定病倒——但希望明天可以放晴。

　　思成恐怕也有些着凉，我保荐喝一大碗姜糖水，妙药也！

　　宝宝老太都还高兴否？我还牵记你家矮墙上的艳阳。

　　此去归来时难说完，敬祝

　　山中人"神仙生活"，快乐康强！

脚病人
洋郎牵牛渡河夜

徐志摩信中所附诗歌《你去》:

你去,我也走,我们在此分手;
你上那一条大路,你放心走,
你看那街灯一直亮到天边,
你只消跟从这光明的直线!
你先走,我站在此地望着你:
放轻些脚步,别教灰土扬起,
我要认清你远去的身影,
直到距离使我认你不分明。
再不然,我就叫响你的名字,
不断的提醒你,有我在这里,
为消解荒街与深晚的荒凉,
目送你归去……
不,我自有主张,
你不必为我忧虑;你走大路,
我走这条小巷。你看那林树,
高抵着天,我走到那边转弯,
再过去是一片荒野的凌乱;
有深潭,有浅洼,半亮着止水,
在夜芒中像纷披的眼泪;
有乱石,有钩刺胫踝的蔓草,

> 在守候过路人疏神时绊倒,
> 但你不必焦心,我有的是胆,
> 凶险的途程不能使我心寒。
> 等你走远,我就大步向前,
> 这荒野有的是夜露的清鲜;
> 也不愁愁云深裹,但求风动,
> 云海里便波涌星斗的流汞;
> 更何况永远照彻我心底,
> 有那颗不夜的明珠,我爱——你!

诗句最后那一声"我爱——"隔着百年时光展读,仍然仿似近在耳边。那些日子与诗人长相伴随的林徽因读来,该是何等地贴近?更何况那"我爱"之后,紧接了用尽所有深情的呢喃——"你"。我爱你。徐志摩在诗歌里,倾吐着对谁的挚爱?

在爱情中,徐志摩是个不折不扣的给予者,看他诗中所写,无一处不是为对方所想,而他自己,留下一路的泥泞和孤独。他当真浑身是胆吗?再勇敢的人也需要能量的补给。他的热情耗尽,却有谁来往里面多添一块柴?他这一生都在情感的窄巷里独行,有时误以为寻得了个绝妙的同伴,蓦然回首,却连自己的影子都已离开。

四　此人只应天上有

拥抱我直到我逝去

直到我闭上眼睛

直到我飞、飞、飞向太空

变成沙、变成光、变成风

啊！苦痛！苦痛是短的、暂时的

快乐是长久的

而爱情是永恒的

我、我要睡了……

这居然是徐志摩亲笔所写的诗。这诗，多像一个谶语！1931年11月19日那场飞行，就像为这首诗歌所做的现实阐释。似乎一切都是他预谋好的，用这样的方式去爱，用这样的方式去生活，

第三章 挎上带羽翼的箭

然后，再用这样的方式走向不再醒来的深眠。

他累了。即便死亡不是这么善解人意及时地前来敲门，他也需要休息了。

还好，瞌睡碰到了枕头，死神如此准时，他没有延挨太久。在他人生的最高点，略现疲态的时候，速战速决转身离开。再拖下去，会有多少不堪？

他走了，留在身后的，全是美好、热血、纯粹、高贵……全是传奇。

好死不如赖活着，这是中国人的普遍观念。徐志摩不是个耽于流俗的人，生如夏花之绚烂，死亦要如夏花之绚烂。他不屑"赖活着"，甚至不屑于"好死"。他的死亡方式可以说是极其惨烈的，但那正好切合了他的审美。惊天动地一声响，整个华人文艺界为之动容，短暂的寂静之后，铺天盖地的悲声淹没了报纸。一直到多年以后，仍有余悲萦绕。

在他所有爱过的女人和朋友的眼泪中安眠，这大概是徐志摩最向往的死法。他做到了。

"爱是甘草，这苦的世界有了它就好上口。"这是徐志摩1925年8月9日写给陆小曼的信中所说的话。他确实是这样的，得不着爱情的时候，便觉得世间万物了无生气，只有对爱的追求充溢胸间时，才看到那无生气的万物仿佛重新被输入了新鲜的血液一般，活生生灵动起来。

1924年5月林徽因和梁思成奔赴美国之后，徐志摩心如死灰。

林徽因此去一两年间不可能回来,且与梁思成婚事已有成言,这次的分别,相当于判了他的死刑。事实上也确实如此,徐志摩直到四年多以后,才再次见到林徽因,见面时,"娇娃已做了新妇"。

陆小曼的出现,像一剂强心针,在徐志摩失血过多的心脏上扎了一下,他那逐渐失去色彩的生命,饮着了五彩的甘露,重新迸发出耀目的光辉。

论美貌,林徽因是屈于陆小曼之下的。那时有"南唐北陆"之说,"南唐"指的是与宋子文有过一段不解之缘的传奇美人唐瑛,"北陆"指的就是陆小曼。胡适也说过"陆小曼是一道不可不看的风景",他对林徽因也是颇为爱怜的,却从来没有这么热烈地赞美过。

小曼的美,不仅美在她娇媚的五官,更有她出众的才华,仪态万方的气质,以及独特的个性。陆小曼不是花瓶,她生于书香门第,就读于法国圣心学堂,十七岁精通英、法两国语言,被外交部邀请担任翻译。她接待外宾时不卑不亢,有人表示对中国的轻视,她便不动声色地加以还击,常令外宾刮目相看。她琴、棋、书、画无所不通,写得一手出色的古体诗和新诗,擅长演戏。郁达夫说她是振动20世纪20年代中国文艺界的普罗米修斯。

其实不仅是中国文艺界,就连远在地球另一端的美国演艺界都被震动了。好莱坞曾经主动奉上5000美元给她做路费,邀她前去演戏。这是多少青春少女梦寐以求的事,陆小曼不留余地地拒绝了。她认为做一个中国人而去给外国人演戏,是一种缺乏民族气节的表现。这种观念虽然有些偏狭，却可见她是个自爱、爱国的人，且遇事有自己的主见。

也许正是因为太自爱了，陆小曼跟丈夫王赓的生活并不幸福。她渴望丈夫能够时常陪伴自己，可王赓是个军人，莫说没那么多精力与她相伴，即便是有，恐怕也达不到她的要求。她那风华绝代的美貌和卓绝群芳的才华，都需要一双懂得欣赏的眼睛和善于表达的嘴巴。王赓既没有这样的眼睛，更没有这样的嘴巴。他欣赏小曼的美，可他并不知她美在何处；他爱惜小曼的才华，因为懂行的人都纷纷称赞她的才华。她的美貌和才艺，对于他，都只是一个概念上的存在而已。

小曼时常感到孤独。这时，有双懂得欣赏的眼睛有张善于表达的嘴，被命运推到了她参加的一场舞会上。那场舞会，陆小曼认识了徐志摩。志摩正为徽因的事失魂落魄，见了这才色兼绝的佳人，方才回过一点魂来。与小曼的相会，成为他颓丧生活中的唯一亮色。

有人曾评价说："男人中有梅兰芳，女人中有陆小曼，都是人缘极好的，只要见过其面的人，无不被其真诚所感动。"可见陆小曼不仅有讨喜的外表和才华，还有讨喜的个性，或者是说有着强大的人格魅力。这样的女子，相处久了，难免要令男人动心的吧。

有一回陆小曼的发卷无意中刺在徐志摩脸上，他为之一震，不得不对自己承认，这段注定坎坷的恋爱，势必是要发生了。

且看徐志摩的眼睛是如何欣赏陆小曼的美：

我爱你朴素，不爱你奢华。你穿上一件蓝布袍，你的眉目间

就有一种特异的光彩,我看了心里就觉着不可名状的欢喜。(徐志摩《爱眉小札》)

再看徐志摩的嘴巴是如何表达他的情:

我真应得谢天,我在这一辈子里,本来自问已是陈死人,竟然还能尝着生活的甜味,曾经享受过最完全、最奢侈的时辰,我从此是一个富人,再没有抱怨的口实,我已经知足。这时候,天坍了下来,地陷了下去,霹雳种在我的身上,我再也不怕死,不愁死,我满心只是感谢。即使眉你有一天(恕我这不可能的设想)心换了样,停止了爱我,那时我的心就像莲蓬似的栽满了窟窿,我所有的热血都从这些窟窿里流走——即使有那样悲惨的一天,我想我还是不敢怨的,因为你我的心曾经一度灵通,那是不可灭的。

给王赓十张嘴巴他也说不出这样的话来吧,就算勉强说了出来,到了他嘴里又是另外一种滋味。就这样的浓情烈爱,非得徐志摩这种置爱情于生命之上的人来说,方才有打动人心的力量。

陆小曼的沉沦,可能比徐志摩来得还要更早些,只是出于女性的矜持没有那么明显的表露而已。终于,徐志摩的爱情,总算是有了一次双方同步的机会。

要么是别人爱他,他不爱人;要么是他爱别人,人不爱他。此次与小曼的相恋,才算志摩真正意义上的初恋。小曼亦是如此。

名为二婚，实际上两人都是缺乏恋爱经验的人，与原配的婚姻生活根本就是搭伙过日子，为他们再婚后的相处提供不了任何借鉴之处。这对历经波折走到一起的恋人，婚后的磨合期过得惨不忍睹。尤其陆小曼，为了跟徐志摩结合，忍痛打掉腹中胎儿跟王赓离了婚，落下了终身不孕和终身不治的病痛。她不敢把堕胎的事实告诉志摩，一个人默默忍受着内心的折磨，再加上公公婆婆对她的排斥，心中抑郁无以排解，便将情绪发泄在频繁的社交活动中。

既要社交，便免不了花钱。徐志摩被家里断了经济后援，只得四处讲课拼命挣钱。志摩多次劝说小曼节俭开支，非但不起作用，且有愈演愈烈之势。最严重的一次，二人一言不合发生口角，小曼随手抓起东西打了过去，志摩的眼镜碎了一地。

彼此都有说不出的委屈。小曼做王夫人那会儿，回沈阳去看望丈夫，大街小巷都贴满她的画像，何等风光。做了徐夫人之后，去他那乡下地方的老家，居然不受公婆待见。这种巨大的心理落差，只有靠志摩一人之力加以抚慰，难免有不到之处，小曼内心更为失落。志摩原本想着娶了这天女下凡般的妙人儿，从此享受神仙眷侣般的生活，却没想到"女神"发起脾气来，天地都要为之动摇。他的爱情天堂在不断的剧烈摇荡中，发生了极大的倾斜。

徐志摩开始质疑这段婚姻，恰巧那时林徽因在香山养病，他便常常去陪她聊天，一来为了排解徽因的孤独，二来也是倾吐自己内心的烦恼。时人常把陆小曼称为"小观音"，因她生于九月十九，正是民间所定观世音菩萨的生日。小曼自然不缺美貌和慈悲，可她这般的人物，原本只宜捧着供着，志摩偏要将她拉入凡间，还在自己并不宽裕的家里摆放起来，难免是要吃些苦头。

小曼得知志摩与徽因的交往，心里难免痛苦。她此时不过二十几岁，有时任性胡闹，还带着些小孩子性情，并没有改变对志摩的深情。那段时间徐志摩上海北平两边跑，最初到北平的目的是为挣钱补贴小曼的开支，后来难免也有对徽因的眷恋掺杂其中。聪明如陆小曼，怎会不知其中隐情？复杂的情感纠葛，令小曼暴躁的脾气更加不可遏制。再加上志摩知道小曼会吃他和徽因的醋，便对她各种隐瞒，躲躲闪闪。小曼找不到发作的理由，只得借生活中的小事向志摩发难。两人感情更加失和。就在徐志摩遇难前几日，两人还大吵一架。那是夫妻之间最后一次争吵，也是最后一次见面。

志摩对小曼，当然还是有着浓浓的爱意的。他登上那架一去不回的飞机之前，还给爱妻写了一封短信。信上说，"徐州有大雾，头痛不想走，准备返沪。"陆小曼在上海等着他的归来时，他却已经飞向了他诗歌中所描述的归宿。

等待徐志摩的，还有林徽因。上次离京时，志摩曾给她留过一张字条："定明早六时飞行，此去存亡未卜……"徽因认为此乃不祥之兆，打电话建议他别坐飞机了，改坐火车比较好。

徐志摩奔波于上海、北平两地讲学，为了来去方便，平素都是搭乘张学良的专机往返。那几天张学良的飞机时间一改再改，陆小曼又发了几次电报前来催促，拖不下去了，他必须尽早赶回上海。

徽因跟他说起下周在协和礼堂她要给外国使节讲中国的建筑，

志摩询问了详细时间,允诺届时一定前来捧场。

如果没有这个演讲,徐志摩也许不会出事。他刚跟陆小曼吵了架,虽然负气出走,住在南京,心里还是非常牵挂的,这从他登机前写给小曼的信中可以看得出来。那天恰好张学良的福特飞机再次因事改期,天又起着大雾,再加上身体不适,徐志摩很可能返回上海,跟陆小曼团聚。

他是纠结过的。一方面想回到妻子身边,好好消除两个人之间的隔阂,仍做一对快快乐乐的恩爱夫妻;另一方面又想去领略徽因那出众的口才和广博的见识,同时也为她捧场、打气。最终,志摩大概是想到即便回了上海,跟小曼之间也不免仍是争吵,倒不如去听徽因的演讲,同时还要赶北大的讲课。他在犹豫间,还是登上了飞往北平的飞机。其中,既有对小曼的失望,也有对徽因的向往。可以说,对于志摩的死,她们二人都是负有一定责任的。

徐志摩搭乘的是南京飞往北平的邮政飞机"济南号",飞机于上午八时准时起飞,十时十分抵徐州,二十分再往北飞,午后二时到达济南上空。

同时天上那一点子黑的已经迫近在我的头顶,形成一架鸟行的机器,忽的机沿一侧,一球光直往下注,砰的一声炸响——炸碎了我在飞行中的幻想,青天里凭添了几堆破碎的浮云。

这是徐志摩的散文《想飞》中的片段,他竟在生前,摹写了自己死时的情景。真是人生如文,文如人生。

五 残红

梁思成在南苑机场等待"济南号"的降落，天气阴沉沉的，机场空旷寂寥。他午饭后出来，一直等到下午四点，还是没见徐志摩的踪影。向机场打听，说是济南一带有大雾，也许飞机没有起飞。过一阵儿再问，还是这个答案。梁思成只得先开车返回家中。

林徽因的演讲不能等。暖融融的灯光下，她操着流利的英语，举止优雅地讲解《中国的宫室建筑艺术》。一群洋人听得津津有味，演讲结束后，纷纷上前向她致意。

那天晚上，徽因悬了一夜的心。

第二天上午，胡适在《晨报》上看到一则消息：

京平北上机肇祸，昨在济南坠落！

机上全毁，乘客司机均烧死，天雨雾大误撞开山。

第三章　挎上带羽翼的箭

　　［济南十九日专电］十九日午后二时中国航空公司由京飞平，飞行至济南城南卅里党家庄，因天雨雾大，误撞开山山顶，当即坠落山下。本报记者前往调查，见机身全焚毁，仅余空架，乘客一人、司机两人、全被烧死，血肉黑焦，莫可辨认。邮件被焚后，邮票灰仿佛可见，惨状不忍睹。

　　胡适惊呼一声，立刻判定徐志摩遇难。他马上打电话告知林徽因。徽因还抱有一丝奢望，她希望坠毁的飞机不是志摩乘坐的那一架，又或是志摩因事耽误了没能登机。

　　梁思成、林徽因、张奚若、金岳霖、钱端升、张慰慈、陈大雨、饶孟侃等人纷纷赶往胡适家中探听消息。胡适托人向南京航空公司了解情况，又拍电报给山东省教育厅长何思源，让他帮助查询。一群人焦急地等待着消息，活跃的林徽因此时面色凝重，其余人等也都相看默然，唯有一阵紧接一阵的电话铃声打进胡适家中探听消息。

　　当日，志摩死讯被证实。张奚若当场痛哭失声。林徽因在梁思成的搀扶下不知是怎么回到家中的。满街的报童叫卖："号外，号外，诗人徐志摩惨祸……"

　　诗人徐志摩惨祸。他竟真的去了。这怎么可能？就像当日接到父亲的死讯，徽因在确认这消息的同时，又是那么地不可置信。虽则志摩经常把死挂在嘴边，但那蓬勃的生命何曾被一丝阴影笼罩过？怎么不给她一个接受的过程便硬生生呈现出了结果？命运的枪弹，为何总是猝不及防地射向她最亲近的人？

她只有哭。她只有眼泪。她只有元气耗尽的虚弱。她那不屈服不认命的个性，此时唯有屈从唯有认命，事情便是这样了，无法可想，也无处申诉。

她一夜未眠，和思成一起用柏叶和白花为志摩扎了一个小小的花圈，由思成和朋友们带到志摩灵柩前。她本要亲自前往济南为志摩料理后事的，被众人竭力拦下了。她有孕在身，又虚弱得很，实在不宜承受这样巨大的悲痛。

她没去，却比去了的任何一个人更加心碎。想到不久前还在她面前笑意盎然的一个人，居然就这样永久地沉入了另一个世界。理智上确知他是死了，感性上却觉得他随时还会推开门走进来，坐在她的对面，跟她谈论些有趣的话题。

她的心跟着那小小的花圈，去往他静静地躺在福缘庵的灵前。在淅淅沥沥的雨里，他应该感觉到了她的到来。那洁白和翠绿的搭配，可不就是她一贯的模样么？她永远都是这样素雅的样子，娴静的洁白中透出一丝绿意的朝气。他知道她来了，还有那么多话要说，却彼此无法听见也无法看见，也不需要再去听去看吧，彼此的心，不听不看也已然明白。

朋友们也都来了。闻一多、梁实秋、沈从文、赵太侔、张奚若，还有他所熟悉的梁思成，他常常戏谑的金岳霖……大家都来了，到得这样齐，唯独缺了他。熟悉这个群体的人见了，一定免不了要问："咦？那长脸瘦弱的书生哪儿去了？怎不见他来？"人群中，似乎志摩仍然会像往常一样，嬉笑着拨开众人，从某人背后探出头来。

执事者命人开棺让大家瞻仰遗容，沈从文看见徐志摩静静躺在那里："戴了一顶红顶球绸纱小帽，露出一个掩盖不尽的额角，额角上一个大洞。这显然是他的致命伤。眼睛是微张的，他不愿意死！鼻子略略发肿，想来是火灼炙的。门牙已脱尽，与额角上那个大洞，皆可说明是向前猛撞的结果。"（沈从文《三年前的十一月二十二日》）

幸而徽因没来。

谁能见自己十六岁时在花影里笑看过的男子，变成这番模样？

梁思成从济南带回一片飞机的残骸给林徽因留做纪念。她用白绫包了，一辈子带在身边。

流言四起，有人说徐志摩就是为了参加林徽因的学术报告会，才不顾安危顶着雨雾飞往北平。她辩无可辩，亦无心去辩。也许众人的苛责，能分散一些她过于悲痛的情绪。

在上海，还有另一个伤心人，在承受着类似的责骂。也有人说，就是因为陆小曼的挥霍无度，才令徐志摩疲于奔命，置生死于不顾赶往北平挣取薪资。小曼更是无心辩驳，事实上她终其一生都未给自己讲过半句推脱责任的话。

陆小曼不是从报纸上看到徐志摩的死讯。那天中午，家里客堂上一只镶着志摩照片的镜框突然掉下来了，她当时心里就闪过一个念头——志摩出事了。小曼希望自己是胡思乱想，强自镇定收拾了碎玻璃和跌坏的框架，把照片妥善收好。她希望扫净了现场，就扫去了不祥的征兆。

她一再劝说自己不要神经过敏，心里的预感还是越来越强烈。那天下午和晚上，陆小曼都是在忐忑不安中度过的。第二天一早，她仍在忐忑中煎熬，有南京航空公司的人跑来找她。小曼不想听到这个消息，然而这消息还是来了——徐志摩飞机失事。陆小曼一听之下就昏厥了过去。

醒来之后，她便只有痛哭，一直一直不停歇地哭下去，直到眼泪干了。王映霞来看望她的时候，她已经耗尽了体内的水分。映霞描述当时的情景：

"我与达夫一起去看望小曼，小曼穿一身黑色的丧服，头上包了一方黑纱，十分疲劳，万分悲伤地半躺在长沙发上。见到我们，挥挥右手，就算是招呼了。我们也没有什么话好说，在这场合，说什么安慰的话都是徒劳的。沉默，一阵长时间的沉默。小曼蓬头散发，大概连脸都没有洗，似乎一下老了好几个年头。"

郁达夫后来则这样描述："悲哀的最大表示，是自然的目瞪口呆，僵若木鸡的那一种样子，这我在小曼夫人当初接到志摩凶耗的时候曾经亲眼见到过。"

小曼怎么也想不到，那一别竟会成永恒。她还记得最后一晚的那场争吵——她扔向他的烟枪，他被打碎的眼镜和负气的脸。她还有好多娇气要向他发泄呢，他怎么就这样甩下她走了？原想这一生那样长，就先把心里的委屈对他倒出来吧，任性够了，日后还是好好对他。不是说夫妻床头吵架床尾和么？这一吵，他居然就此去了另一个世界。他再也不是她的床头人，永远断绝了与她和好的机会。

陆小曼悔之已晚，早知今日，当初哪有那许多计较？公婆的冷遇算得了什么？捕风捉影的暧昧算得了什么？偶尔的小摩擦小别扭算得了什么？她心里是那样炽热地爱着他，却给了他那样一个不爱的错觉，让他孤独，让他冷。想起他跟她说的那些情话，他说"眉，你真玲珑，你真活泼，你真像一条小龙"，他那灼人的语气言犹在耳，如今却只有让她更添悲痛罢了。

徐申如承认的儿媳仍然是张幼仪，且只有张幼仪一个。徐志摩的遗体，也是张幼仪的儿子徐积锴接回来的。此时的幼仪，已经不再是当日那个被丈夫嫌弃的旧式女子，短短几年，她产生了翻天覆地的变化。如今的她，已经是走在时代尖端的现代职业女性了。她能说一口流利的德语，有自己的公司，工作起来严谨迅速，是同时代无数青年女性效仿的偶像。可以说，现在的张幼仪，并不比徐志摩爱上的另外两个女人差，其在事业上的成就，甚至在某些方面超出了那两位。

徐志摩生前在写给友人的信里谈起张幼仪，说"C是个有志气有胆量的女子……她现在真的什么都不怕"。

她不怕。他给了她人生中最为巨大的打击，将她的人生重新洗牌。她从尘埃里一步步爬起来，笨拙的脚步却走得飞快，短短几年便华丽转身，将一手烂牌打得万分精彩。她的人生分为去德国前和去德国后两个阶段，去德国前，她什么都怕，去德国后，她什么都不怕了。运气坏到不能再坏时,便只有好转。都已经这么倒霉了,往后的日子还能坏到哪里去?

有人问张幼仪爱不爱徐志摩,幼仪说:"你们总是问我爱不爱徐志摩。你晓得,我没法回答这个问题。我对这个问题很迷惑,因为每个人总是告诉我,我为徐志摩做了这么多事,我一定是爱他的。可是,我没办法说什么叫爱,我这辈子从没跟什么人说过'我爱你'。如果照顾徐志摩和他家人叫做爱的话,那我大概爱他吧。在他一生当中所遇到的几个女子里面,说不定我最爱他。"(张邦梅《小脚与西服》)

张幼仪为徐志摩做的奉献,确实是最多的。在徐志摩和陆小曼感情失和的时候,她已在上海女子商业银行担任副总裁的职务,后又为徐志摩和她八弟张禹九等四人合办的服装公司担任总经理,其出色的经营才华得到了充分的展示,在社会上赢得了一定的声望。此时的张幼仪既有自己的事业,又受到徐父徐母的青睐,是个颇具人格魅力的女人。徐志摩有没有为当时逼着她离婚的行为后悔过呢?早知千辛万苦追来的爱情,会落得那样令人叹息的下场,是不是不该跟张幼仪这么出色的女人离婚?

要回答这个问题,还是要从徐志摩本人的性情和人生追求中寻找答案。在徐志摩追求林徽因的时候,梁启超曾经给他写过一封措辞严厉的信。信中规劝志摩:

其一,万不容以他人之苦痛,易自己之欢乐。弟之此举,其于弟将来之欢乐能得与否,殆茫然如捕风,然先已予多数人以无量之苦痛。

其二,恋爱神圣为今之少年所乐道。……兹事盖遇而不可求。……况多情多感之人,其幻想起落鹘突,而得满足得宁贴也极难。所梦想之神圣境界恐终不可得,徒以烦恼终其身已耳。(胡适《追悼徐志摩》)

梁启超是有先见之明的,徐志摩之后的人生,不幸被他言中。其快乐终未可得,其幻想之神圣境界也终未得见,人生还是在喜忧参半中勉力前行。可志摩从未言悔,正如他在复信中所说:

我之甘冒世之不韪,竭全力以斗者,非特求免凶惨之苦痛,实求良心之安顿,求人格之确立,求灵魂之救度耳。

人谁不求庸德?人谁不安现成?人谁不怕艰险?然且有突围而出者,夫岂得已而然哉?

我将于茫茫人海中访我唯一灵魂之伴侣;得之,我幸;不得,我命。如此而已。

徐志摩要寻找的,是能够与他相通的灵魂伴侣,张幼仪再优秀,也终究跟他不是同路人。志摩心里,对她便有一万个欣赏,也只止于欣赏而已,远不是他所追寻的爱情。他真正的同路人,只有小曼一人而已。尽管两人摩擦不断,终未辜负彼此那份心。

志摩死后，小曼在他的遗物中，得到他随身携带的她的画卷。那是她早期创作的颇具代表性的画作，志摩懂得其中珍贵，随身带在身上，到北平请各路名人为其题字。他对她的爱慕和欣赏，始终没有改变。两个相爱的人，最动人之处，便是彼此深深明白对方的价值所在。志摩和小曼对彼此的才情，显然是再明白不过的。

徐志摩就是这样的人，纵有一万条康庄大道可走，他要挑选自己想走的险途。进窄门的人是有福的。他的选择，令他经历苦痛的同时，也最为接近了人生的本义。他向世人昭示了一个人作为人本身最大的荣光，而非家业、事业所带来的光环。

徐志摩一生都在寻找精神的火种，直至他自己化作那火种本身。他耗尽短暂的生命亲吻到他遥望的灯塔，燃尽身体照亮了后来者的路途。他并不自知，在遭受着种种精神上的痛苦时，他的精神已经化作了一座新的灯塔，像他自己曾经狂热地跟随过的伟人，他也成了另一些人狂热跟随的对象。志摩的伟大，并不因他所追求的是爱情，是美，是自由这等虚无之物而有所折损。他为这些献身的精神，和所有为其他事业献身的精神，具有同样强大的人格感召力。

第四章
花园里射一个满弦

一　中国的莎乐美

俄罗斯流亡贵族莎乐美，是一位令无数天才拜倒的女性。

1882年，尼采收到了一封来自罗马的信，写信人是著名文化沙龙的女主人马尔维达夫人。信中说，她要给尼采介绍一个年轻的俄罗斯姑娘，这位姑娘为她的著作《一个女理想主义者的回忆录》提供了很多创作灵感。傲慢的尼采当时并未把这位姑娘放在心上，没想到不久之后在圣彼得大教堂相见，这位姑娘瞬间就征服了他的灵魂。尼采毫不犹豫地向姑娘求婚，没想到遭到了姑娘的拒绝。不久之后，尼采又再次发动求婚攻势，仍然未能改写结局。

尼采的傲慢和自负是首屈一指的，能够让他这样抛弃尊严的姑娘，必有超越常人之处。更何况他在求婚未遂之后，不仅没有抱怨，反而更加臣伏在姑娘的脚下。尼采请人帮他和姑娘拍了一张合影，照片中，这位姑娘拿着鞭子，像驱赶马匹一样做出驱赶尼采的动作。这个动作是应尼采的要求而做的，姑娘并不十分情愿，可是尼采觉得这样的驱赶对他来说大有益处，可以时时提醒他，要到女人那儿去，就必须事先带上鞭子。要让疯马一样的尼采主动要求被驯服，这位姑娘该有多大的魅力啊！她，就是露·莎乐美。

德国作家萨尔勃曾说，莎乐美是一位具有非凡能力的缪斯，男人们在与这位女性的交往中受孕，与她邂逅几个月，就能为这个世界产下一个精神的新生儿。

萨尔勃所言非虚，莎乐美一生，为尼采、里尔克、弗洛伊德这些人类文化巨匠提供了丰富的精神养料。

林徽因之于徐志摩、梁思成、金岳霖等人，也有莎乐美之于尼采、里尔克、弗洛伊德的效用。梁思成在林徽因的建议下，选择了学习建筑；徐志摩在林徽因的感召下，写出了最具代表性的诗歌；金岳霖则追随了林徽因一辈子，撷取她的妙言警句，为自己的人生增添不少趣味。

有趣地活着，大概是老金毕生最大的追求。这位被徐志摩引荐给林徽因的朋友，一生对她不离不弃，成为她失去志摩之后，另一个强有力的精神支柱。

金岳霖有段时间住在林徽因隔壁，穿过一个后花园，便可直通徽因的客厅。徽因每天下午抽出一段时间接待来访者，政治学教授钱端升、经济学教授陈岱孙、考古学教授李济，艺术学教授邓叔存、艺术家常书鸿、美国学者费慰梅，还有诗人徐志摩生前，都是林家座上常客。朋友们来了，金岳霖便穿过后花园，汇集到这个小团体中。周六的下午则反过来，大家从林家出发，穿过花园到金岳霖的住所，享受他家"湖南饭店"地道的湘菜。

那个时期不少从欧洲回来的留学生，都模仿西方的"文化沙龙"，搞起了定期的团体聚会。林徽因有时会去参加朱光潜等人的聚会，有时则在自己家里召集友人。她家客厅里的聚会，也慢慢变成了北平颇具影响力的文化沙龙。

与朱光潜主张谈论新诗的聚会不同，林家的沙龙没有什么固定的主题，所到访客也包含了各个领域的杰出人物，因而更倾向于即兴、随意、宽松的漫谈。除了老朋友，徽因偶尔也邀请一些崭露头角的新人。著名作家萧乾刚刚出道时，就有幸被她邀请过一次。

多年之后，萧乾回顾他的创作道路时，仍然万分激动地提起林徽因，说："在我的心坎上，总有一座龛位，里面供着林徽因。"（萧乾《回顾我的创作道路》）

他清楚记得那天的情景。那时，萧乾在《大公报·文艺副刊》上发表了一篇名为《蚕》的小说，这是他的处女作，林徽因一看之下，十分赞赏，立即托沈从文约请他前来聚会。从这件小事上可以看出，林徽因具有敏锐的鉴赏力，且不吝于提携后辈。沈从文将林徽因的邀请转达给萧乾，他兴奋得接连几天坐立不安，临去那天，特意穿上了最好的衣服，打扮得干干净净，怀着朝圣般的心情，找到了北总布胡同三号的"太太客厅"。

听说林徽因是个患有严重肺结核的病人，萧乾以为他要见到一个歪在床榻上的病美人，没想到他到达梁家时，林徽因刚刚从外面骑马回来，穿了一身潇洒的骑马装，神采飞扬。徽因一见他，便热情地上来招呼，开头便毫不吝惜地赞美："你是用感情写作的，这很难得。"（萧乾《一代才女林徽因》）

除了萧乾，作为新人被邀请到沙龙的，还有著名学者卞之琳。他的性格比较内向，不是很善于在人群中说话，林徽因给了他极为亲切的安抚。他说："当时我在她的座上客中是稀客，是最年轻者之一，自不免有些拘束，虽然她作为女主人，热情、直率、谈吐爽快、脱俗（有时锋利），总有叫人不感到隔阂的大方风度。……她年龄只比我大六岁，因为师辈关系，一直被我尊为敬佩的长者，但也是我感到亲切的知己。"（卞之琳《窗子内外：忆林徽因》）

热情周到的林徽因，不仅给后辈提供交流平台，且如此细致入微，关照到每个人的不同个性，令人如沐春风。正是这种贴心暖肺的关切，才能为她赢得来自更为强势的性别世界中，一名年龄差距并不悬殊的后辈的敬重。

除了热心和体贴，林徽因在沙龙中赢得敬重，还因她那势不可当的才华。李健吾回忆林徽因，说她"绝顶聪明，又是一副赤热的心肠，口快、性子直、好强，几乎妇女全把她当做仇敌"，"当着她的谈锋，人人低头"。萧乾也说："每逢我聆听她对文学，对艺术，对社会生活细腻的观察和精辟的见解时，我心里时常想：倘若这位述而不作的小姐能像十八世纪英国约翰逊博士那样，身边也有一位博斯韦尔，把她那些充满机智、饶有风趣的话——记载下来，那该是多么精彩的一部书啊！"

说林徽因述而不作,也不全然。这段时间,她创作了不少诗歌,并写了小说《窘》发于《新月》,另有中篇小说《九十九度中》,散文《窗子以外》,以及大量建筑学方面的文章,还有短篇小说数篇,随笔多篇。此间她还生了两个孩子,并多次赴野外考察,还要照顾令人头疼的老母,跟纠缠不休的肺病作斗争……不是她不写,只是实在是太过忙乱了。

二 只影向谁去

三十三岁的林徽因有着少妇特有的柔美，留微卷的短发，照片上常常穿一件深色镶边旗袍，露出匀称的胳膊和小腿，爱穿高跟鞋。

谁能想象这样一身优雅的女性在逃荒的路上是什么模样？

1937年7月的一天，宋哲元的部队在林徽因的门前挖掘战壕，抗日战争即将全面爆发。林徽因和梁思成刚从外地考察回到北平，朋友们都来了，钱端升、周培源、叶公超、朱自清等好友带着罐头食品等物资住进了北总布胡同三号，决心投入抗战，"誓与城市共存亡。"他们这些没有实权和地位，缺乏战斗能力的知识分子，空有一腔热诚，却无处倾洒热血。几天之后，守军悄悄地撤走了，北平沦陷。

徽因和思成计划着南迁，亲戚中出现了许多不理解的声音。他们说："即使这里成立自治政府，那又怎样呢？对我们丝毫没有影

第四章　花园里射一个满弦

响。我们的房子还在这儿。北平还是中国的，不是日本的，生活还像平时那样过。"（费正清《对华回忆录》）怎么没有改变？怎么能像平时那样过？徽因听着家族中时有这样的声音，说不出地愤慨和无奈。她时常感到孤独，满腔热血的父亲去了，豪情满怀的公公也去了，勇敢不屈的志摩去了，这些能够与她在情绪上产生强烈呼应的人，一个接一个离去。好在思成还在身边，好在还有老金等人在身边，可即便有他们在，她还是感觉到一丝清冷。

9月，梁思成和林徽因接到"东亚共荣协会"的请柬，他们匆匆收拾行李，于第二天仓促离开北平，以杜绝与日伪机构发生关系。

大部分东西都丢下了，最使徽因难过的，是丢下了一群朋友。钱端升和叶公超的夫人还住在徽因家，她这女主人却要先行离开了，原本那样热闹的一个院子，她总是殷勤周到地招待着大家，如今却是这番景象。徽因很舍不得张兆和，原想着临行前去道别的，却连最后一面都见不上。她真恨不得将所有知己像文件那样打了包，一袋子背往天津去。

一起在塘沽登船的还有几位朋友，闻一多、朱自清、杨振声、金岳霖、张奚若、陈岱荪等人都在。一路上下舟车十六次，进出旅店十二次，始至长沙。

北平越远，清冷的感觉便越增加一分。

在长沙火车站旁边找到一所两层小楼，与房东合住。阴暗潮湿的天井，灰秃秃的墙壁，与北总布胡同三号不能相比。林徽因生平第一次担当起洗衣做饭的职责，虽则实在没有什么好菜可烧的。

依然有朋友们常来，依然是妙语连珠笑声不断。所谓贵族精神，大概就像无论陷于何种境地，哪怕到了沙漠，扎下营来，第一件事情是开始种花。每次聚会尾声，必然高声合唱救亡歌。梁思成在清华的乐队指挥没有白做，他又操起了旧业，强劲有力的手势激荡着朋友们胸中的热血。

林徽因写信告诉沈从文，她已成为每日张罗家务的"糟糠"。从少奶奶变成村妇，苦吗？是真的苦。但是并不觉得多么的苦。那些说得出的苦处，都是物质上的，有同道在身边，精神上仍然富足。这就是知识分子。

梁思成重新建立起在北平解散的营造学社，准备着在长沙开始工作。一日下午，他在房子里听到飞机轰鸣的声音。日机还未到过长沙，思成期盼着是苏联援军的飞机。他跑到阳台上去看，刚见到机翼上一点血红的圆块，心里的惊吓还没来得及彻底涌上来，只听见轰地一声，炸弹落在他的身边。

徽因听到轰炸声，拎起一个孩子就往外跑。思成也跑回屋内抓了个孩子。还没来得及下楼，一颗离得极近的炸弹响了。徽因被抛在空中，手里紧紧地抱着儿子。天晓得他们怎么没有死。

房子被炸塌了，门窗、隔扇、天花板都堆在一起，碎玻璃满地。很多年后，徽因此时带在身边的行李，箱底还残存着清除不尽的玻璃屑子。

儿子、女儿都生着病，何雪媛又年纪大了，思成和徽因拖家带口往联合大学的防空壕跑。半路上，又一架轰炸机开始俯冲。徽因

第四章 花园里射一个满弦

的心冷了,要死也死在一起吧,省得留下几个活口去承受那悲剧。一家人停下来,紧紧地靠在一起。好在那颗炸弹没有炸,落在街道的另一端。

张爱玲也曾写过,在她逃亡途中,有颗炸弹就落在街的另一边,她以为立刻就要死了,炸弹却没有爆炸。两名才华绝佳的女子都有类似经历,或许是上天对她们的眷顾?

一家人投奔到张奚若的住处。来不及休息,徽因和思成留下孩子和老人,又返回炸毁的房子挖掘遗落的东西。可以想见徽因那瘦弱的病体,经了几场巨大的惊吓,又带着孩子老人奔忙了半日,她该是多么的疲惫。此时支撑她的,唯有不屈的精神罢了。

遭此一劫,他们大部分东西都遗失了,经济变得十分拮据。林徽因病倒了,躺在床上发冷发热。长沙不能待了,梁思成决定迁往昆明。想到拖着病体还要在那阴冷的雨里赶路,徽因真想就此死去。然而死也只能是想想而已,顽强的生,要比死来得艰难得多。

徽因还是上路了,这回去昆明,只有她和思成两个人。

物质、精神上的外援一概不剩。真正的苦难开始了。

三 国破山河在

南方的阴冷,不是住惯了北平的人容易适应的。没完没了的雨不屈不挠地下着,梁思成只觉得骨缝里都被打湿了。金岳霖和张奚若是仅有的送行者,林徽因颇有些天涯海角、知交零落的感觉。此去昆明,路上没有一个同伴,终点也没有一个接应的朋友。思成和徽因抱着小孩,拉扯着老人,跌跌撞撞混在一群流民之中。

行走于荒凉的深山,投宿在肮脏的小旅馆,思成跛着脚,徽因患着肺结核,一路艰辛可想而知。恶劣的环境让林徽因再次病倒了。急性肺炎说起来不算大病,可是如果治疗不及时,可直接危及生命。徽因高烧至四十度,思成担心她会死在这异乡的路上。同车旅客中有个在日本行医回国的女医生,给徽因开了个急救的方子,好歹保全了她的性命。这一病耽搁了两个星期,他们住在一家低档旅馆里,跟流氓、妓女、赌徒混在一块儿,出身于上流社会的夫妻

第四章 花园里射一个满弦

俩终于见识了中国真正的底层民众。

徽因真感觉走不动了,但是高烧一退,她又不得不重新上路。原计划搭乘的汽车全部被征用了,他们不得不坐在黑暗阴冷的车站等候,直等到凌晨,好不容易挤上了一辆卡车。车内塞了二十几个旅客,一堆堆破破烂烂的行李,四面密不透风,那些脏乱的行李和人身上都散发着古怪的气味。徽因总担心那车子随时都要抛锚,果然,到了半夜,卡车爬上土匪出没的"七十二盘"时,如她所预料的瘫痪在前不着村后不着店的地方。

旅客们下了车。车外除了荒山,什么也看不见,冷风呜呜地吹着。徽因搀着一双儿女,在风里不停地来回走动,孩子的身体还是被冻得瑟瑟发抖。一直待在这里只会越来越危险,旅客们开始轮流推动卡车。车轮沉重地向着滚动着,推了好一会儿,有人看见前方路边出现了零星的灯光,终于有了村庄。

之后一路都是这样,卡车时好时坏,他们走一程等一程,吃着粗陋的食物,投宿在臭烘烘的客栈,人都被折磨得麻木了。有一天,徽因举目望见远处漫山红叶,白苇绵绵,那壮观的景象令她眼眶湿润,所谓的"国破山河在"大概就是这个意思。

一月中旬,他们终于抵达昆明,原本十几天的路程,足足走了三十九天。还好,老的小的病的残的,性命都在。

初到昆明,梁思成和林徽因在翠湖巡津前市长所住的止园借住了一段时间,徽因损耗过度的身体得以恢复,思成却因旅途劳顿患上了脊椎炎和肌肉痉挛症,被折磨得坐立难安,连觉也睡不成,只能坐在一张帆布椅上休息。

林徽因又开始了她那主妇的生活,洗衣,做饭,提着瓶子上街打酱油。在写给费慰梅的信里,她说:"我一起床就开始洒扫庭院和做苦工,然后是采购和做饭,然后是收拾和洗涮,然后就跟见了鬼一样,在困难的三餐中间根本没有时间感知任何事物,最后我痛着呻吟着上床。"这段时间的林徽因,着装已经大为改变,照片上的她,常常穿着凌乱劣质的衣服。

她曾写过一篇散文《窗子以外》,散文中的她,还是一位站在窗内窥视贫民生活的阔太太,而现在的徽因,已经变成了她曾经窥视的对象。林长民的掌上明珠,梁启超的得意儿媳,已经是彻彻底底的贫民了。她对这样的生活有抱怨,有抗拒,然而终究是勇敢地面对并承担起来了。

物质上的贫乏压不倒林徽因,志同道合的朋友们一来,她的生活又迎来了不可阻挡的春天,在野地里照样热热闹闹地开出漫天的花来。西南联大和中央研究院图书馆搬到昆明,朱自清、沈从文、张奚若、金岳霖,还有思成的弟弟梁思永等人都陆续来了,梁、林住所又成了大家的聚集地。太太客厅的盛况被搬迁到了昆明,林徽因仍然是聚会的灵魂人物。金岳霖见到林徽因时简直惊讶,原以为她要被这样的命运掏空了精神,没想到她还是那么的活泼、迷人、富于表情和光彩照人。

但是毕竟还是有些不一样。林徽因不像以前那样爱讲笑话了。就目前国家的情况,实在很难让人有心情调侃和打趣。徽因看到北

第四章　花园里射一个满弦

方陇海全线抗击日寇的消息，恨不能奔赴山西，与那里的将士们同吃同住。那一带留下过她前去考察的无数足迹，看到报上关于战事的地点，她眼里就会浮现出一个个与之相对的古建筑，浮现出自己当日身处当地的种种情景。这样的情怀让她与战争贴得特别近，那一枪一炮真正是打在她的心上、记忆里。

他们这群潜心学术的知识分子，最明智的选择还是留在后方，为将来的学术研究做些切实的事情，真去了前线恐怕只会成为累赘。虽然各人的心中都潜藏着一股激流，却不便于表现出过多的热血和焦虑，他们表面上所能关心的事情，无非是食物、住处等日常琐事。

战争不会在一日间结束，生活的脚步还得继续，安定下来之后，各人重新投入到自己所从事的各项事务中去。营造学社的几个骨干都到了昆明，研究工作又可以启动了。梁思成写信向中美庚款基金会争取资金，周诒春回信说，只要梁思成和刘敦桢在，基金会便会承认营造学社，可以继续补助。思成于是请刘敦桢来昆明，营造学社恢复工作。

营造学社成立于1929年，由老牌官僚朱启钤创立。朱启钤曾官至国务总理，因修建中山公园对古代建筑发生兴趣。他偶然看到宋代李诫的建筑著述《营造法式》，便决心倾注财力研究古建筑。初期营造学社安于故宫一角，有十几间旧朝房做办公处所，梁思成担任学社研究部主任，位列社长之下。社长由朱启钤亲自担任。林徽因做校理。

营造学社在北平期间测绘了故宫的重要建筑六十余处，北平市内的安定门、阜成门、东直门、宣武门、崇文门、新华门、天宁寺、恭王府，还调查了市外的一百三十七个县市，考察古建筑殿堂房舍高达一千八百二十三座，详细测绘的建筑二百零六组，完成测绘图稿一千八百九十八张。其中佛光寺的发现，就是在营造学社外出考察期间。

1937年初夏，梁思成、林徽因、莫宗江、纪玉堂在五台山找到了佛光寺，寺庙宏伟壮观，光芒潋滟，众人预感这会是一座极有价值的古庙。林徽因爬上大殿脊檩，通常那里会注明建造年代。上面一片漆黑，她打亮手电，只见无数的蝙蝠蛰伏其上。徽因麻着头皮驱赶蝙蝠，居然驱之不散，这更让科学家们确信寺庙的年代久远。这样爬上爬下好几日，终于在两丈高的大梁底下找到了模糊的字迹，上书"女弟了灵公寓"，还有余下字迹若干不可辨认。众人费时两天合力搭建了一个支架，洗去梁上浮土，再费时三天，由林徽因辨认出余下字迹。上面写明该佛殿建于唐大中十一年（857），由女施主灵公寓捐资建造。众人惊喜不已。

当时日本人曾宣言，要看留存下来的唐代木结构古建筑，只有去他们的奈良。西方古代建筑多以石块砌成，经得起风雨侵蚀，留存较多。中国房屋多以砖木构建，经战争及自然灾害毁坏，至民国时期已不知是否有唐代木构建筑存在。佛光寺是一座木结构建筑，这一发现，无疑打破了日本人的狂妄宣言。从此国人不必去日本看别人的东西了。

第四章　花园里射一个满弦

梁思成离开北平,迫使营造学社的研究暂停,在长沙短暂停留期间,研究工作得以恢复,后又因战事不得不南迁,到了昆明,他终于有了重新施展的机会。

为了研究的方便,营造学社跟随着中央研究院历史语言研究所迁徙。1939年为躲避轰炸,史语所疏散到昆明郊区的龙泉镇龙头村,营造学社跟随而至。这个科研机构,竟然在一所尼姑庵内得以栖身。每天对着菩萨绘制图纸,科学家们不知内心感受如何。林徽因一家五口就住在尼姑庵的一间半偏室内,她这情事纷杂的名媛,也勉强算体验了一回姑子的生活。

梁思成又开始了漫长的外出考察,他和刘敦桢带着大家一起,到了云南、四川、陕西、西康等省的三十六个县。野外考察原本就是苦差事,再加上此时物资匮乏,其艰险更不必说。思成是个行动不便的病人,其苦尤甚,但他并不觉得苦。那个年月,整个大中国都浸在苦难里,相对而言,他们的苦,还能带来精神上的愉悦。

四 枪炮与玫瑰

昆明的春天真是美不胜收，四处开满了鲜花，空气中有淡淡的甜香。作为一名肺结核患者，这样的气候是有益于林徽因身体恢复的，若不是周围的贫穷和混乱提醒着她，陶醉在大自然的怀抱中，她真想不起这是战争年代。

自结婚以来，林徽因和梁思成一直是租居。在龙头村，她准备为这个家盖一所属于自己的房子。两位建筑师亲手为自家设计了一套房子。这是他们一生中唯一的一次为自己设计房子。房子参照本地民居，用的是瓦房顶和土墙，内部是轻质的木结构，三间正房和一间厨房一字排开。房子建成后不久，金岳霖在边上加盖了一间耳房，朋友里也有好几户人家建房在先，北平时期的住所格局仿佛被原封不动地搬到了昆明。

这所房子耗尽了思成和徽因的积蓄。初到昆明时，他们已经

第四章　花园里射一个满弦

经济吃紧。两人为着筹钱，厚着脸皮打出父亲梁启超和林长民的旗号，混入当地官员和乡绅们的聚会，赔笑脸、托关系，为稻粱谋。徽因感叹这种江湖骗子的行径，简直辱没了她。然而，她和梁思成都不得不如此地辱没自己。

找不到正经的工作，林徽因希望通过为私人做些杂事来换取酬劳，没想到事情做过了，人家只当作帮忙，并不支付报酬。她虽为营造学社做着事，却不想给本来拮据的经费增添负担，便应聘去云南大学教书。每周六个小时的英文课，她每次去，都得走很远的路，来回四次爬过长长的山坡。

面对这样窘迫的经济状况，林徽因不得不厚着脸皮向朋友求助。她给远在美国的费慰梅写了一封长信，笑言自己沦落为了叫花子，除了经济上的支援外，若有什么大人小孩的衣物，也请一并寄来。姿态低到了泥土里，却又有着绝对的坦率，若非拥有强大的内心能量，拿不出这种态度。林徽因是个能屈能伸的女中丈夫。

朋友们过得都不容易。金岳霖每天早上五点半从龙头村出发，步行到城里去赶早晨的课。而常常是还没来得及上课，空袭就开始了，他不得不带着学生奔向另一座山头。有时直到傍晚，一句课也没有讲，便又启程步行回村。一整天没吃没喝没休息，也没工作，就这么白白地浪费着。叶公超的遭遇更为惨烈，他跑回上海办事时，被日本人给抓了起来，关在监狱里毒打，历经波折才被保释出狱。出狱时他的妻子已被送去香港，夫妻团聚不知要到何时。怒火中烧的叶公超从此弃文从政，直接参与到抗日的队伍中去了。

贫乏的日子过得太久，徽因有时会质疑自己为什么还活着。每天做饭、种菜、买盐、被肺病折磨，生命的意义在哪里？战争似乎无休止地打下去，她有时怀疑自己病弱的身体走不出这场苦难了。果然如此的话，偷生这几年，只为损耗生命、辱没尊严吗？

想到这些时，她便抑制不住对美的向往，对艺术的渴望。于是在忙得脱不开身的日常杂务中，她会突然丢下手头的事情，到作坊去看人制陶。看着细腻的泥土在师傅的双手下飞速旋转，渐渐转出一个器皿的模样，她便感觉十分惊喜。

这就是林徽因，哪怕是在烽火漫天的岁月，她的生活里也必须开出一朵两朵的花。

这便是民国时期大批知识分子在昆明的生活缩影。若非心中那点不死的精神，什么信念不会被摧毁？他们没有变。在欧洲的自由浪漫也好，在北平的繁华安乐也好，在昆明的颠沛流离也好，他们精神内部的那个核，始终如一。

第四章　花园里射一个满弦

五　李庄

　　1940年，营造学社正式归属于中央研究学院下属的历史语言研究所，梁思成提名为社长，学社再次面临迁徙，这回的目的地是四川宜宾下水六十华里处的南溪县李庄镇。龙头村刚刚建成不久的新居，要跟林徽因说再见了。

　　这一回，她的旅程更为艰苦。临行前梁思成患了破伤风，徽因只得一人带着两个孩子和七十岁的老母，踏上了寒风苦雨的路途。那两个星期不知道是怎么过来的，名为坐车，其实根本没有座，车厢内拥挤得连落脚的地方都没有，她只得跨骑在行李卷上，以一种扭曲的姿势，默默承受着颠簸。

　　一到四川林徽因就病倒了，也许她早就病了，只是在路上不敢发作出来，用意念支撑着，一直到将家人安顿好后，才敢放心地生病。从此林徽因的健康被彻底地摧毁了，她一天天瘦下去，美丽的容貌荡然无存。憔悴、苍老爬上了她温婉的面孔，从此再没有离去。

　　梁思成赶到李庄时，妻子已经在持续的高烧中煎熬了一段时间。李庄没有医院，没有正式的医生，思成不得不担当起了医生和护士的角色。他学会了静脉注射，每天给徽因打针。看着早已瘦得不成人形的妻子，青色的血管隐现在干瘪的皮肤之下，尖锐的针头还要往那薄薄的皮肤上刺入，思成心头不禁涌起阵阵怜悯和绝望。谁能救救她？这气若游丝的人儿，哪能扛得住李庄犹如原始部落般的生活？不信神佛的思成忍不住要向上天祈祷了，渴望着出现什么奇迹，帮助妻子从这无穷尽的折磨中解脱出来。

　　然而没有奇迹，一分一秒都要在这不可改变的现实中艰难地度过。他找来了一张摇摇晃晃的帆布行军床，给徽因充当"软床"，好让她躺得舒服些。有阳光的时候，徽因就请思成把她搬出去晒晒太阳。只有这样的时候，她才会好受一些。但李庄常年阴雨，晒得到太阳的时光实在太少。在这少之又少的时光里，她还要被随时可能涌上的剧烈咳嗽所挟持，直咳到嘴唇紫涨，气喘吁吁。思成有时担心她一口气接不上来，就要永远地离开他和孩子们了。

　　孩子们也在忍受着贫困的折磨，为了给母亲省下药费，他们和李庄的孩子一样，长年赤脚穿着草鞋，只有最冷的天气，才舍得穿上外婆为他们缝制的布鞋。两个孩子都很懂事，在学校他们认真学习，回家之后就静静地待在一角，绝不给长辈增添一点麻烦。梁再冰的性格和母亲一样开朗，很受同学们欢迎。梁从诫机灵可爱，黑黑的脸蛋上一对滴溜溜的圆眼睛。徽因感动于他"动"的天性，嘱咐他终生不可丢了他这天性，若是丢了，便是丢了他自己。

梁思成扛起了所有的家务，他学会了做饭、煮菜、蒸馒头，用橘子皮和红糖熬制果酱，甚至学会了用毛线织补袜子。他用深浅不同颜色织补的袜子，针脚细密匀称，竟像一件件艺术品。这双本应在洁白的图纸上绘制建筑图的手，如今很大一部分时间耽搁在诸如此类的事情上面。

这样的生活，还有什么对于欢乐的盼望？徽因年轻时，曾为她那排解不尽的孤独感所困扰，如今，这孤独就是生活本身，而非偶尔的困扰。在伦敦时，她总盼望着有趣的人来逗她开心，试想志摩如果活到了今日，该是怎样一番景象？先行离世的人，有时反而是幸运的，不必熬受这绵绵无期的苦。那时为志摩和父亲的死痛哭，如今想来竟是要为他们庆幸。她和思成的生命，不过是留下来为未竟的事业献出最后一丝力气罢了，实在不能有更多的奢望。况且那事业能做到多少，能取得多少成绩，尚且是个未知数。

他们不是没有别的选择，美国友人力邀梁思成赴美访问、讲学，并可携带林徽因前往疗养。只要一声应允，他们便可立刻脱离这战火纷飞的国家，脱离这暗无天日的贫困。但是他们拒绝了。他们的事业在这里，他们的家、国在这里，他们的魂在这里。

远方的自由和舒适，是要以扔下他们精神内部的根基为代价的。思成和徽因不是不盼望更加快乐舒适的生活，只是一切的快乐和舒适，都要在保留那个根基的基础上去追寻。此时的林、梁二人，生命中所能盼望得到的最大乐趣，便是来自朋友的精神支援。

在李庄苦熬了半年，老朋友金岳霖来看望他们了。老金在战争中被困苦所摧残的脸，对于此时的徽因来说，有着天使般祥和的光泽。她动情地跟他交谈着，打听留在昆明的那些老朋友。

老金说昆明物价飞涨，徽因以前最爱吃的过桥米线也涨成了天价。如今在西南联大执教的那点工资什么都买不起了，往往是一个月的薪水刚发下来，不到两个星期就花得精光。平时只能吃白米饭拌辣椒，偶尔吃顿菠菜豆腐汤就算是改善生活。

为了补贴家用，西南联大的教授们都开始外出打小工挣钱，家里能够变卖的东西都卖光了。老金讲起清华校长梅贻琦的夫人，徽因记得在昆明时见过，那时的梅夫人娴雅、温婉，给人很善良的感觉。老金说梅太太为了生计，也跟别的教授太太一起编织围巾、帽子，然后拿出去卖。她年纪大了，视力不好，织得比较慢，大家就让她做围巾上的穗子。

后来学校的庶务又教她蒸上海的米粉碗糕，拿到昆明的冠生园去寄卖。那碗糕做起来麻烦，须得用七成籼米、三成糯米，磨成粉拌在一起，再加上白糖，用一个银锭型的木模子装上，隔水蒸熟。每天潘光旦太太在乡下磨好米粉，带到城里来给梅太太。她蒸好碗糕后挎着篮子拿去卖，因怕别人认出来，卖糕时便脱下旗袍，换上蓝布褂子，跟人说自己姓韩。这就是国民党中央委员、堂堂名牌大学校长的夫人。

覆巢之下岂有完卵？留在昆明的朋友们，跟来到李庄的思成和徽因一样艰苦。还有更多的普通百姓过着朝不保夕的生活，其贫苦

第四章 花园里射一个满弦

更不必说。徽因两眼满含着泪水,这块多灾多难的土地,用他们这一代人的青春和生命做了祭奠。

就在不久之前,林徽因的三弟林桓在保卫成都的一次空战中牺牲了,此时的徽因尚不知情,否则她病弱的身体,不知能否承受这么多的悲伤。和林觉民一样,林桓也是抱着必死的决心加入了战斗,应该说那时候但凡加入飞行学校的学员,都知道自己所余下的人生不会太长了。以当时中、日双方空军部队实力之悬殊,很多孩子刚刚飞上蓝天,便在一片青烟中消散。他们知道这一切,却仍然义无反顾地去了,用"青年的热血做了科学的代替"(林徽因《哭三弟》)。

对于这样一批人,除了深深的敬佩,再无其他可以说了。但是,林徽因还是要说。她说给死去的三弟听,说给当时的政府听:"你相信,今后多少人的幸福要在你的前头,比自己要紧;那不朽中国的历史,还需要在地上永久。你相信,你也做了,最后一切交出。我既完全明白为何我还为着你哭?只因你是个孩子,却没有留什么给自己。"(林徽因《哭三弟》)

若要哭,这一件件一桩桩接踵而来的不幸遭遇,即使哭瞎了眼睛,也不够宣泄心中的痛楚。金岳霖说,在这样困难的年月,不要总是去想自己失去了什么,重要的是想一想自己拥有的东西。老金是这样说的,也是这样做的,否则当下有一件事就要把他拖入深渊了。在昆明时,他把费尽精力所著的《知识论》一书,全部遗失在了一次躲避空袭的路上,为此不得不重新起笔,将这部著作重写一遍。

对于一个做学术研究的知识分子来说，遗失了一部已完成的书稿，就好比一个将军失落了刚刚攻下的城堡，又得重新攻打一遍。这是一件多么令人沮丧的事！"金将军"没有太多地沉沦在低落里，他在徽因和思成工作间的一个角落里放了张桌子，每天津津有味地伏案著述，像是第一次着手创作这部书稿。

金岳霖的乐观情绪感染了林徽因和梁思成，在给费正清和费慰梅的信中，徽因兴致勃勃地写道："思成是个慢性子，愿意一次只做一件事，最不善处理杂七杂八的家务。但杂七杂八的事却像纽约中央车站任何时候都会到达的各线火车一样冲他驶来。我也许仍是站长，但他却是车站！我也许会被碾死，他却永远不会。老金（正在这里休假）是那样一种过客，他或是来送客，或是来接人，对交通略有干扰，却总是使车站显得更有趣，使站长更高兴些。"写好信，她叫思成和老金过来看，问他们要不要加上几句话。

老金看完信，见徽因将正在打字的思成比喻为车站这种非生物，甚觉有趣，于是提笔加了几行："当着站长和正在打字的车站，旅客除了眼看一列列火车通过外，竟茫然不知所云，也不知所措。我曾不知多少次经过纽约中央车站，却从未见过那站长。而在这里却实实在在既见到了车站又见到了站长。要不然我很可能把他们两个搞混。"

思成读完他俩的话，也在后面附了几句："现在轮到车站了：其主梁因构造不佳而严重倾斜，加以协和医院设计和施工的丑陋的

第四章　花园里射一个满弦

钢板支架经过七年服务已经严重损耗（梁思成因车祸脊椎受损，一直穿着协和医院为他特制的钢马甲），从我下面经过的繁忙的战时交通看来已经动摇了我的基础……"

多么幽默而富于智慧的话语，在那样的处境下，他们仍然如此乐观积极。费慰梅读着信，不禁哽咽。

六 《中国建筑史》

我们过着我们的父辈在他们十几岁时过的生活但又做着现代的工作,有时候读着外国杂志看着现代化设施的彩色缤纷广告真像面对奇迹一样。

这是梁思成写给费正清信中的几句话。是的,在李庄,他们没有放下营造学社的工作。

离开北平时,梁思成将战前到各地考察收集的资料分成了两部分。一部分是照片、草图、数据、文字记录等,他们随身携带。在长沙被飞机炸毁了房子之后,他们返回家中挖掘的,大部分就是这些资料。第二部分是一些照片底版、图册、文献等不便携带的东西,他们存放在天津的一家外国银行的地下保险库。

没想到1939年天津发大水,银行地下室被淹,所有的资料几乎全部毁掉了。消息两年之后才辗转传到李庄，梁思成和林徽因不禁大哭一场，即刻决定将保存下来的那部分资料全面系统地加以整理，着手撰写《中国建筑史》和《图像中国建筑史》，这也是他们在美国留学时就已有的心愿。

　　林徽因的身体比初来李庄时好了一些，但也好不到哪儿去，还是不能下床，就躺在帆布床上翻阅典籍、查找资料。她通读了二十四史，着重研究了汉代的历史，准备给思成研究汉阙、岩墓提供帮助。同时她还翻译了一批英国建筑学期刊上的学术论文，撰写了四万多字的论文《现代住宅设计的参考》。对于《中国建筑史》这部书稿，她承担了全稿的校阅和补充、润色工作，并执笔写了书中的第六章宋、辽、金部分。这个瘦弱的女病人，淹没在堆满了大大小小中外书籍的小床上。

　　梁思成的状态比林徽因也好不到哪儿去，他脊椎软组织灰质化严重，背越来越驼，写作时间一长，脖子不堪重负，连头都抬不起来。思成找来一个小花瓶，将下巴搁在上面，以支撑那个笨重的脑袋，如此才能完成每天的写作量。

　　这一个靠在床上，一个顶在花瓶上孜孜不倦工作着的夫妇二人，再铁石心肠的人看了也要心酸。此时的徽因，还会责怪思成的木讷和冷漠吗？此时的思成，又怎忍心去计较妻子年轻时的多情？如果说他们都不是完美的人，或多或少犯了些自私的错误，那他们对工作极端热忱的献身精神，是否能让旁人忽略他们那并不完美的地方？

思成是早已忘了那些曾经让他伤感过的故事吧，在写给费正清的信中，他热情地赞誉："我们为能过这样的日子而很满意，我的迷人的病妻因为我们仍能不动摇地干我们的工作而感到高兴。"在他的心目中，瘦得完全没有任何容貌上的美感可言的妻子，仍然是迷人的。

他爱的，是她积极的人生观，坚韧的精神。她爱的，也是他一心扑在事业上的精神。他们的彼此深爱，本身就证明着他们精神世界的极度可爱。林徽因没有爱错，失去了出身所带来的优越条件和身份，梁思成仍然是一位可敬可爱的君子。梁思成也没有爱错，进而言之，徐志摩以及别的爱过林徽因的男人，他们都没有爱错。褪去了鲜艳的容貌，远离了注视她的人群，林徽因仍然自信而坚定，是一位将美丽和高贵融入骨髓里的绝代佳人。

《中国建筑史》绘图量比较大，梁思成决定给自己招聘一些助手。他通过考试聘用了一位年轻人罗哲文，另外还有两位中央大学建筑系的毕业生卢绳和叶仲玑前来实习，三名年轻人给营造学社带来了勃勃生机。

梁思成在学社院子里竖起了一根粗粗的竹竿，带着几个年轻人每天练习爬竿，为将来有机会进行野外考察做准备。

罗哲文只有十八岁，还是个孩子，没事的时候就跟梁思成和刘敦桢的儿子趴在地上打弹珠。卢绳写了一首打油诗逗他，说："早打珠，晚打珠，日日打珠，不读书。"学社院子里有一棵很大的桂圆树，他们日常活动就围绕着这棵树，卢绳就把打油诗贴在树干上。

第四章 花园里射一个满弦

他的同学叶仲玑看了,也童心大发,写了张"出卖老不胖半盒"的字条贴在旁边,因他长得极瘦。梁再冰觉得好玩,写了"出卖伤风感冒"的条子加上去,想把她那时常光顾的感冒卖个好价钱。小小的院子里充满了欢声笑语。

在那么艰苦的条件下,梁思成不仅让营造学社挣扎着生存了下来,还将工作氛围营造得其乐融融,而且在全体工作人员的共同努力下争取到了朋友的捐助,恢复了营造学社汇刊的编辑发行。他们自己动手用药水在纸上手写石印,家属们协助折页、装订、包装,每期印制两百本。在炮火连天中,这些刊物从偏僻的李庄寄到了全国、全世界的建筑学界,让外界及时掌握他们的最新研究成果。

他们在远离战火的穷乡僻壤研究学问,可是在他们心中战争仍然贴得很近。林徽因在给费慰梅的信中,谈到了敌机对于他们精神的折磨:"尽管我百分之百地肯定日本鬼子不会往李庄这个边远小镇扔炸弹,但是一个小时之前这二十七架从我们头顶轰然飞过的飞机仍然使我毛骨悚然——有一种随时都会被炸中的异样的恐惧。它们飞向上游去炸什么地方,可能是宜宾,现在又回来,仍然那么狂妄地、带着可怕的轰鸣和险恶的意图飞过我们的头顶。我刚要说这使我难受极了,可我忽然想到,我已经病得够难受了,这只是一时让我更加难受,温度升高,心跳不舒服地加快……眼下,在中国的任何角落也没有人能远离战争,不管我们是不是在进行实际的战斗,也和它分不开了。"

七 相见风雨中

重庆的夏天，领教过的人都知道，那种潮湿和闷热交杂在一起的感觉，令人仿佛置身在一个巨大的蒸笼里。蒸包子二十分钟半个小时了不起了，生活在重庆的人却要足足被"蒸"满三个月，从这个意义上来说，在重庆过夏天的人还不如包子。

战时的重庆就更不必说了，肮脏、混乱、缺水。人们的日常用水，都是用一根扁担两只木桶，上、下几百级台阶，从污浊的河里挑上来的。再精制的面粉用那样的污水糅合过也要变质了，费正清在重庆见到的梁思成，就像一个干瘪的黑包子。

两人相识于彼此最年轻闪亮的时节，那时梁思成和林徽因刚在北平定居不久，费正清和未婚妻费慰梅也初到中国，四个年轻人一拍即合，从此开始了长达数十年的亲密交往。初到中国的费氏夫妇对这个古老的国度充满了好奇和喜爱，梁思成和林徽因为他们介绍

第四章　花园里射一个满弦

了许多国内上层知识分子圈的朋友，成为了他们融入中国的桥梁。费正清和费慰梅为梁氏夫妇带来了他们所熟悉的美国精神。

在宾大学习了几年，梁思成和林徽因有很多习惯是被西化了的，费氏夫妇的到来，让他们部分地重温了在美国的生活方式。他们彼此需要，在北平度过了一段朝夕相处的快乐时光，之后一直到中、美通信封禁，才被彻底切断了联系。

梁思成呈现给费正清的第一印象，是一位衣着得体思想开明而又踏实上进的翩翩绅士。而眼前的梁思成，穿着破烂的衣服，佝偻着身体，瘦得只剩皮包骨。这种对比，令老友心酸。他们在挤满了人的中央研究院招待所碰面，梁思成跨过一堆堆破烂的被褥、营养不良的小孩和脏乱的锅碗瓢盆走上前去，跟费正清热情地握手。

中央研究院的招待所虽然破败，但终究为留在国内受过高等教育的专家们提供了一方遮风蔽雨的屋顶，让这些志同道合的人能够从四面八方汇集到一起。思成对这个地方充满了感情，他显得很知足，对自身艰难的处境未置一句抱怨之词。这种精神状态令费正清刮目相看。思成紧紧地握着他的手，足足有五分钟没有放开。他说此次前来，是为营造学社筹集资金，很顺利地从教育部和美国庚子赔款基金会拿到了更多的补助。费正清看他一如既往地对事业如此热忱，精神世界完全超脱在现实处境之外，在褴褛的衣衫和被损坏的躯体之内，那个具有贵族气质的内核依然闪耀着温热的光。

梁思成是一位真正的学者，真正的君子，在战时的中国，还有不少自由知识分子保留着这种精神内核，费正清深受触动。回国后他向美国政府提交了援助中国学者三年计划。

报告中，费正清写道："清华的教授及曾经留学美国的中国学术界各领域人才，是中国学术界中的精华，是给美国在中国的有形投资。但是，他们正经受着贫困和营养不良的折磨，国民党政府腐蚀一切的道德低下和使社会丧失活力的通货膨胀置他们于令人绝望的境地。请美国政府进行干预，帮助他们，这种干预是合乎政治和道德的双重需要的。"（张清平《林徽因传》，百花文艺出版社2012年版）

费正清此次到重庆的大背景是1941年12月美国的参战，日军偷袭珍珠港之后，美国政府终于结束了坐山观虎斗的状态，正式宣布参加同盟国的作战。费正清和费慰梅此时在华盛顿政府内供职，作为研究中国问题的专家，费正清被派往美国驻中国大使馆任特别助理。要进入战火纷飞的中国是极其不易的，费正清沿着美国南部海岸坐短程飞机下行，经过大西洋中部的亚森欣岛，穿过非洲和埃及，横渡印度洋抵达印度，最后飞越驼峰，前后耗时一个月，千辛万苦始达昆明。

在昆明费正清见到了以前在北平的老朋友们。西南联大校长梅贻琦显得苍老而衰弱；哲学家金岳霖视力锐减；张奚若、陈岱孙等人也状态不佳。钱端升住着林徽因和梁思成留在龙头村的房子，状况也好不到哪儿去。费正清想起以前在北总布胡同3号时的下午茶，那时安闲地坐在梁家客厅沙发上的一众人等，犹如救济品被空投在了这穷乡僻壤。其实他们连救济品都不如，既救不了别人也救

第四章　花园里射一个满弦

不了自己，只能利用有限的条件勉力维持着自己的学术研究，被动地等待外部环境的好转。费正清正是在这种景况的刺激下，产生了向美国政府寻求援助的想法。

在重庆见到梁思成后，费正清迫不急待地想要去李庄看望林徽因和中央研究院的老朋友们，他牵挂他们。在昆明看到那样的情景，使他对李庄的老友更为忧心。梁思成告诉他，从重庆到李庄要走两三天水路，没有任何办法可以缩短行程，船也不能按班期运行，所以不能说走就走。

一个多月后，费正清在社会学家陶孟和的陪伴下来到了李庄。梁思成笔下所写的这个鸟不生蛋的小镇，果然如被诅咒过一般，逃难来的研究员和他们的眷属之间整天为一些鸡毛蒜皮的小事争吵。难以想象这些受过高等教育的人，居然会不停地吵架，互相嫉妒和谩骂，简直如同未经教化的野蛮顽童一般。

费正清在来时的水路上呼吸道感染，一到李庄就躺倒了。梁思成将他安置在与林徽因一厅之隔的房间里，像值班的护士那样拿着体温计和药品两边跑。徽因被苦难摧毁的容颜令费正清震惊，昔日在北平她是那么生气勃勃容光焕发，在人群中总是焦点，谁也不能忽略她的美貌，如今竟然成了一个离不开病榻的早衰妇人。令他更为震惊的是徽因病榻上堆积如山的资料和文稿，她在疾病的折磨和近乎原始状态的生存环境之下，居然仍然在不屈不挠地工作。

发着烧躺在梁思成李庄的住所，费正清感觉一切跟他记忆里的祖国如此遥远。他的祖国，是老北京的四合院和长长的城墙，是朋友们具有国际眼光的见识和谈吐，是墙壁上的书法作品和水墨画，是木制家具和迷人的女主人端上的精致茶点。李庄的一切都是那么促狭，促狭的空间，促狭的人际关系，捉襟见肘的物质条件。房间里阴暗得很，傍晚五点半就点起了蜡烛或者是菜油灯，没有电话，没有咖啡，没有洗涤用品，没有写信的纸张。日常生活像在墙壁上挖一个洞，拿到什么就用什么，全凭造化。

但梁思成和林徽因这一对璧人，居然可以令这样暗淡的生活焕发出光彩来。费正清在李庄的一周过得并不凄冷。梁思成有一架留声机，居然可以偶尔听听贝多芬和莫扎特的音乐。林徽因也没有久病的愁苦，仍然显得生气勃勃。每次进餐都很有兴致，餐后聊天也是趣味盎然。她仍然和在北平时一样，永远是话语权的中心人物。

费正清走后，林徽因给他写信说："我已经很久没有开玩笑和嬉闹了，但在你的巨大影响之下，现在对我来说是一种享受，在严肃的谈话、亲切的私语和冷静的讨论之余，那随意的、不太正经的隐喻和议论，非常动人心弦、非常甜蜜。"她竟还能尝到甜的滋味，这令费正清深受感动。美国人在这种境遇下，可能早就另谋门道改善生活去了。他们这些曾经接受过高度训练的中国知识分子，坚守着自己的学术研究事业，把个人价值和社会职责紧紧地黏合在一起，在无尽的苦涩和酸楚之间，努力地捕捉着一星半点儿的清甜。梁思成说，如果他今生有机会去敦煌一次，就是一步一磕头也心甘情愿。

《图像中国建筑史》完稿之后，梁思成请费正清帮忙将其中图画制成缩微胶片。1946年，梁思成准备把书稿带到美国出版，因印刷成本太高，找不到出版人，就暂时存放在费慰梅那里。50年代有一位姓刘的留学生，请梁思成将书稿借予他做毕业论文的资料。费慰梅将书稿转寄于此人，结果从此下落不明，直到1979年才重见天日。费慰梅向正在新加坡的刘某索回书稿，1984年《图像中国建筑史》在美国出版，得到极高的评价。此时梁思成和林徽因都已过世，费正清和费慰梅这对跨国友人，没有辜负他们的重托。可以说，如果不是费慰梅的努力，梁思成的学术成就大部分都将被湮没在离乱之中。

很长一段时间，两对好朋友之间完全依赖于书信互通有无，后来中美通信遭禁，他们连对方的状况都无从得知了。但友谊并未因此而减弱，经过了中国内战、美朝战争、冷战时期，费正清和费慰梅心里，始终惦念着这对多年陷入沉默甚至已被死亡带走的好朋友。

中美建交恢复之后，费慰梅于1980年为了梁思成书稿的事情，专程到过清华大学。那时梁、林二人均已去世，由梁思成的续室林洙陪同她重走了1934年与梁、林二位好友赴山西考察时的路线。费慰梅应记得1934年他们四人共坐过的驴车，以及在又饿又累的半夜一位基督信徒施舍给他们的一碗面汤，她应该还记得穿着漂亮旗袍的林徽因深一脚浅一脚走在泥泞的路上，嘴里不时蹦出一两句幽默的话语或者对烂泥路的咒骂。

林徽因是那样一个活灵活现的存在，心情高兴的时候，便如一朵雅致的香兰，心情恶劣的时候则全无淑女形象地诅咒一切。费慰梅有时会想，幸而徽因一向身体欠佳，离世较早，如果晚走几年，让她经历跟思成一样的批斗、羞辱、折磨，她这敢于跟新中国成立后的北京市副市长吴晗顶撞的刚烈女子，该是一副怎样的惨状？

　　梁思成和林徽因奋斗了一生，生前却未能享受到研究成果所带来的充分赞益，他们默默地苦了一辈子，直到离去也不知道为之献出生命的事业将会被后人如何评价以及使用。徽因相对来说还要幸运些，至少，她曾得到过来自丈夫的充分肯定。

　　梁思成在《图像中国建筑史》的前言中写道：

　　最后，我要感谢我的妻子、同事和旧日的同窗林徽因。二十多年来，她在我们共同的事业中不断贡献着力量，从在大学建筑系求学的时代起，我们就互相为对方"干苦力活"。以后，在大部分的实地调查中，她又与我合作，有过许多重要的发现，并对众多的建筑物进行过实测和草绘。近年来，她虽罹患重病，却仍葆其天赋的机敏与坚毅；在战争时期的艰难日子里，营造学社的学术精神和士气得以维持，主要应归功于她，没有她的合作与启迪，无论是本书的撰写，还是我对中国建筑的任何一项研究工作，都是不可能成功的。

　　林徽因一直到死去，对自己所做的一切，还是有个清晰的肯定的态度的。而梁思成经历了数年的"文革"，带着迷惘和深深的遗憾离开，身边没有一个志同道合的人。

　　梁思成这一生，只为自己在事业上所取得的进展而微笑，可是最后连这唯一的快乐源泉都被抹杀了，他孤独了一辈子，是一个真正的悲伤骑士。

第四章　花园里射一个满弦

八　着我旧时裳

　　一年三百六十五日，每一个日子原本稀疏平常，在如水流般缓慢流淌的时间之河里，总是由于某件特殊事件的发生，而让那个时间节点具有了非同一般的意义与力量。在近代的中国，没有哪一个日子，比 1945 年 8 月 10 日更加振奋人心。那天晚 8 时 20 分左右，梁思成和两位作家在费慰梅任职的重庆美国大使馆吃完了晚餐，坐在藤椅上，在大使馆门廊前的小山顶上纳凉。

　　当晚天气非常闷热，他们这些被蒸了大半个夏天的"包子"，仍然在逼人的暑气里蒸腾着。长江对岸的灯光依次亮起，铺在起伏错落的山上，像银河掉进了人间。梁思成谈起很久之前泰戈尔到中国访问的事情，忽然之间，他不说话了。其他在座的人也不说话了。众人像灵敏的猎犬一样，嗅出了某种不可名状的气味。费慰梅也一下紧张起来，好像有什么声音远远地传过来。难道又是空袭警报？当然这个时候不太可能会发生空袭，但是也说不定。这几年的风云变幻，早已将众人的安全感一扫而空，什么灾难都有可能凭空发生。

在他们落座的小山顶下，叽叽喳喳的小声谈论慢慢铺展开来，有人开始在大街上跑，紧接着是个别的喊叫声，叫声越来越多越来越响，鞭炮声噼噼啪啪地响了起来，人群沸腾了，一群群的人冲到了户外，喊叫声、欢呼声、鼓掌声淹没了整个城市。抗战胜利了！

梁思成和费慰梅等人跑到了大街上汇入人流中。到处都是竖起的旗子、伸出的大拇指、V字形胜利手势。焰火的红光印着众人的脸，装满了人的吉普车、卡车和大客车排列成行，浩浩荡荡地驶过大街。思成在极度的兴奋中显得有些寂寞，是的，他的妻子此时远在李庄，这样重要的时刻，他却不在家人身边。

他是爱她的，每逢这样需要分享的时刻，他感觉到自己是多么地需要她在身边。她的几句逗趣的话就能让他纵情开怀，她的恣意的笑脸，比任何人的拊手相庆都更能传递热能。哪怕是行动不便的病人，她给予他的归属感仍然是不可替代的。他要立刻回到她的身边。

梁思成回到中研院，那里的学者们也在不停地笑跳，小伙子般互相搭着肩膀。一个美国飞行员用一架C—47运输机把梁思成和费慰梅送往宜宾，那里有距离李庄最近的机场。思成一路兴奋地指点着，在空中飞行了短短的十五分钟后，他说这是上水行舟第一天到达的地方，四十五分钟后到达李庄上空。思成说，这是他第一次以

第四章　花园里射一个满弦

这么快的速度从重庆到达李庄，上水时期，坐船至少要走三天，下水时期也要走两天整。宜宾机场停机坪的草已经长得淹没了膝盖，他们就降落在这些疯长的野草里。

梁思成带着费慰梅乘坐一艘小汽船继续下行，不一会儿就到了李庄。费慰梅记得那晚河面闪着白灿灿的光，水波在船下撞击出哗啦啦的声响，在这样心情欢快的时候，是有些诗情画意的。

这是阔别经年费慰梅第一次与林徽因重逢，她们笑吟吟地对望着，讲述这些年来所发生的事情。徽因显得很苍白，犹如一根枯瘦的树枝，但精神一如既往的健朗。这个卧床六年的人，令人不可思议地机灵活跃。费慰梅想到了生命的短暂与偶然。也许每个人都是如此吧，太多不可控制的因素，唯一能够握在手里的就是自己不熄的灵魂火种。

第二天，林徽因不顾身体的虚弱坚持下了床。她穿上了旧时遗留下来的最漂亮的衣服，略微打扮了一下，雇了一顶轿子，跟费慰梅一同到镇上的茶馆去庆祝抗战的胜利。走在路上的时候，徽因掀开轿帘贪婪地呼吸着户外的新鲜空气，像个初生的婴儿般欣喜地看着蓝天、田野和人们的面孔。这是她卧病六年来第一次上街，尽管这可能对她的身体没有好处。

这第一次的经验，显然令她感到快乐，不久之后，她又雇了轿子进城，还请女儿的两个男性朋友用竹篙撑着船载她。她在一家饭馆吃了饭，又去一家茶馆休息，回来的路上从河边的一座茶棚里看了一场排球赛。

有一天她还去了女儿的学校，穿着一套休闲服，据她给费慰梅的信中所说，衣服非常漂亮，引起了校园内的轰动。

林徽因的生活又开始慢慢丰富起来了。就像一张被橡皮擦干净了的纸，重新开始往上一点点添加颜色，逐渐让绚丽的色彩将那疲软覆盖。

她开始计划到重庆去玩，没有任何目的，纯粹意义上的玩。她跟着梁思成来到中研院的招待所。由于健康的原因，大部分时间只能在混乱的招待所里待着，费慰梅有空就开着吉普车来接她外出。尽管如此，她还是那么高兴，并不为自己随时有可能复发的病情担忧，也不为长时间蜗居在气味难闻的招待所而憋屈，为了能外出游玩，这些困难都算不上什么。

她真是个对生活充满热望的人，一到大街上，看着沿途出售的新衣服，她便眼睛拐不过弯，重庆的市井生活也让她感兴趣。她像一个刚从深山里误入城市的野人，对一切充满了探究欲，又那么迅速地进入角色，驾轻就熟。她跟着费慰梅在美国大使馆用餐，遇见那些穿着制服的美国军官，便很快地加入他们的谈话中。这样的交谈显然让她万分高兴。

然而重庆毕竟是个气候糟糕的城市，徽因开始想念昆明的好天气。医生诊断她的病情有所恶化，此时要搭乘飞机到高海拔地区非常危险。费慰梅找留在昆明的金岳霖商量，老金的看法是既然病情已经严重到这个程度，不如就遂了她的心愿，不管结局如何，让她在昆明快乐地度过一段时光。

第四章 花园里射一个满弦

林徽因在费慰梅的陪同下,来到了她朝思暮想的昆明。在这里,朋友们敞开怀抱迎接了她。精神至上的人总是有同道相伴才能找到灵魂的居所,徽因与朋友们的会面,在彼此心里都激起了巨大的波澜。

经历了贫病交加的日子,熬过了漫长的战争,他们都老了。每个人身上都有着数不清的故事,每个人都那么迫切地希望彼此倾诉彼此倾听。一肚子的话,每一句都争先恐后地往外冒,整理不出个头绪。没有哪一句不重要,没有哪一句不应该在第一时间说与对方知道,在杂乱无章的表述中,他们居然都深深地明白了对方想要表达的意思。相似的经历大大增加了他们的理解力,只要抓住片言只语,便能明白那语言背后躲藏的所有意思。他们用了十一天的时间,才把各自境况表述清楚。其实身为这个群体中的任何一个人,哪怕什么都不说,只要彼此对视一眼,便能明白那眼神背后的复杂含义。

林徽因在写给费慰梅的信中说:

直到此时我才明白,当那些缺少旅行工具的唐宋时代诗人们在遭贬的路上,突然在什么小客栈或小船中或某处由和尚款待的庙里和朋友不期而遇时的那种欢乐,他们又怎样地在长谈中推心置腹!

我们的时代也许和他们不同,可这次相聚却很相似。我们都老了,都有过贫病交加的经历,忍受漫长的战争和音信的隔绝,现在又面对着伟大的民族奋起和艰难的未来。

此外，我们是在远离故土，在一个因形势所迫而不得不住下来的地方相聚的。渴望回到我们曾度过一生最快乐的时光的地方，就如同唐朝人思念长安、宋朝人思念汴京一样。我们遍体鳞伤，经过惨痛的煎熬，使我们身上出现了或好或坏的别的什么新品质。我们不仅体验了生活，也受到了艰辛生活的考验。我们的身体受到损伤，但我们的信念如故。现在我们深信，生活中的苦与乐其实是一回事。

九　不离不弃

徐志摩死后，林徽因的情感世界有一部分是由金岳霖支撑起来的。在北平时，梁思成外出考察期间，大多数时间林徽因是在金岳霖的陪伴之下度过的。跟思成吵架，她也忍不住要请老金评评理。与母亲相处中的种种困扰，更是时常向他倾诉。如果说徐志摩是个冲动的孩子，金岳霖则像个持重的老大哥。尽管他素来为人并不持重，却因了林徽因的需要，扮演起了这样一个角色。

在李庄时，金岳霖不辞路途艰险，从昆明赶去看望林徽因。他说离开了梁家就像丢了魂一样。他的魂，当然不是归属在梁思成身上。那个病弱的女子，才是他的心灵归属。来到她的身边，他的心才像飘荡的尘埃落了地般。他在李庄一住两个月，为了给林徽因补充营养，跟着当地居民学起了养鸡。

有一张照片拍的是他在李庄给鸡喂食的情景，林徽因的女儿梁再冰和儿子梁从诫两个小人儿远远地看着，瘦得像根竹竿的老金微微弓着身子。这幅画面令人动容，有太多太多绝非感情二字能够说清的东西在里面。有人说林徽因曾向梁思成坦陈，她同时爱上了两个人，另一个人就是金岳霖。我对这个传言一直保持质疑的态度。而如果是真的，看老金日后所为，也完全值得她这份爱。

迎接徽因到达昆明时，老金是有思想准备的，这个女人很有可能不久于人世。要照顾一个随时可能离去的病人，既要承担思想上的压力也要承担精力上的大量支出，但他毫不犹豫地让她来了。此时的林徽因还能给他什么呢？既没有美貌也没有青春，连带着林家大小姐和梁家儿媳的身份，都在战争中失去了。她展现在他面前的，无非是一个情绪起伏不定的病人。可是他因她的到来而欢喜。因为喜爱，只要她在，便是最大的快乐，余下的都不重要了。

金岳霖和林徽因在昆明度过了一段快乐的时光。张奚若为林徽因安排了住处，徽因描述唐家花园"梦幻小屋"的景致：

> 所有最美丽的东西都守护着这个花园，如洗的碧空、近处的岩石和远处的山峦……这房间宽敞、窗户很大，使它有一种如戈登·克雷早期舞台设计的效果。甚至午后的阳光也像听从他的安排，幻觉般地让窗外摇曳的桉树枝桠缓缓移动的影子映洒在天花板上！

第四章　花园里射一个满弦

金岳霖常常坐在房间的小圆桌边专心地写作，他戴着太阳帽，任移动的光线在背后穿梭。林徽因和那光线一样身处在他的背面。

有人说这段时间林徽因和金岳霖处于同居状态，其实照顾一个肺结核晚期的病人，也是陪护的性质。徽因和老金的感情，更多的是一些生活中的小情趣。她笑话老金生活条件刚有好转，便对女佣百般挑剔起来。老金喜欢把他调可可粉的杯子放在窗台上，每天早晨泡上一杯。有一次女佣拿去洗了忘记放回原处，他在落满灰尘的窗台上遍寻不着，气得不得了。徽因于是开玩笑说，她保证以后告诉女佣干脆别洗它们了，把它放在枕头下，以便老金一起床顺手就可以摸到。他所喜欢的，便是她在生活中的这些小调皮吧，乏味的生活因为她的存在有了生气，不管身处何种环境。

金岳霖写给林徽因的挽联是："一身诗意千寻瀑，万古人间四月天"。他所恋慕的，正是她生活中的诗意，是看不见摸不着而又无处不渗透着的灵魂。

1946年7月，金岳霖和林徽因一家在中央研究院招待所里等了一个多月，搭乘从重庆直航的飞机回了北平。第二年此时，徽因病情恶化，须做肾切除手术。在无数个剧烈咳嗽难以成眠的夜晚，她感受着死亡的迫近，写下了一首与自我人生挥别的诗歌《人生》：

人生，
你是一支曲子，
我是歌唱者；

你是河流，我是条船，一片小白帆
我是个行旅者的时候
你，田野、山林、峰峦。
无论怎样，
颠倒密切中牵连着
你和我，
我永从你中间经过；
我生存，
你是我生存的河道，
理由同力量。
你的存在
则是我胸前心跳里
五色的绚彩
但我们彼此交错，并未彼此留难。
……
现在我死了，
你，——
我把你再给他人负担。

对于林徽因来说，生，是五色的绚彩，也是沉重的负担。她活了五十一年，其间孤独了十六年，重病了二十四年，二十一岁丧父，欢乐的时光短之又短。尽管那时光如此之短，她以巨大的

第四章 花园里射一个满弦

内心张力，编织了无数人穷极一生也走不近的美梦。她是奢靡的画者，将最艳丽的颜色悉数泼洒在人生的画布上，不管你说她画得好或者是不好，她想要的颜色都倾其所有倒上去了。面对死亡，她如此平静。

生命接近终结，林徽因更是忘情挥洒，虽然医生说她手术后要静养，想到所剩不多的日子，她无心耽搁，更是将时间全部压注在工作之上。手术后林徽因幸运地存活了六年，这是一个奇迹，医生曾经预言她只有一年多的生命。在这六年里，她写出了大量的文学作品、建筑学论文，参与了中华人民共和国国徽和首都人民英雄纪念碑的设计，创新设计试制了一批造型、图案、配色都具有新时代特色的景泰蓝工艺品。

1955年4月1日6时20分，林徽因在北京同仁医院走完了她的一生。《北京日报》刊登了她逝世的讣告，北京金鱼胡同的贤良寺内举行了她的追悼会。林徽因的灵柩安葬于八宝山公墓，墓体由她的丈夫梁思成亲手设计。

她生来最爱四月，离去也恰逢其时，是有意还是无意？她的人生也像四月的天气般，温煦而饱含着活力。在她死后几年，一个春末的晚上，金岳霖订了北京饭店的酒席，请朋友们前来相聚。应邀而至的客人深感纳闷，既不是节日，又不是婚寿宴席，老金请什么客呢？等到人都齐了，金岳霖徐徐起身说："今天是徽因的生日。"

直到年近九旬，金岳霖仍然真挚地怀想着林徽因。有人为了出版一本跟林徽因有关的书前去采访老金,要他谈谈对林徽因的看法。老人接过林徽因年轻时的照片看了看,忍不住喉咙颤抖,像个孩子般撇起嘴角说:"我所有的话,都应该同她自己说,我不能和你们说。我没有机会同她说的话,我不愿意说,也不愿意有这种话!"

在金岳霖心目中,林徽因是被世俗给误读了的。他也是被世俗所误读了的。只有他和徽因本人,才能彼此明白对方真正的价值。

第五章 云的留痕 浪的柔波

第五章　云的留痕　浪的柔波

徐志摩第一任妻子张幼仪的侄孙女张邦梅女士所著的《小脚与西服：张幼仪与徐志摩的家变》中，有一幕这样的场景：

我（张幼仪）一九四七年的时候见过林徽因一次。当时我到北平参加一场婚礼，有个朋友过来跟我说，林徽因住在医院，不久以前才因为肺结核动了一次大手术，可能不久于人世，连她丈夫都从他任教的耶鲁大学被召回。我心里虽然嘀咕着林徽因干吗要见我，可是我还是跟着阿欢和孙子去了。见面的时候，她虚弱得什么话也说不出来，只是望着我们，头转到这边，又转到那边。她也仔细地瞧了瞧我，我不晓得她想看什么，也许是看我人长得丑又不会笑。

后来林徽因一直到一九五四年（应是一九五五年）才死于肺结核。她当初之所以想见我，是因为她爱徐志摩，想看看他的孩子。尽管她嫁给了梁思成，她还是爱着徐志摩。

在张幼仪看来，林徽因就是深爱着徐志摩的。尽管她在北平一再逃避，在写给胡适的信中一再辩白，这一切仍然掩饰不了她对徐志摩的感情。在经历了战争漫长的折磨，领悟了生死喜悲之后，她还是没有走出爱而不得的遗憾。

林徽因真正的心迹是否如张幼仪所猜测的那样不得而知，也许她自己都不敢看得太明白，有些感情不是每个人都敢于直视的。如果承认了对徐志摩的爱，她又怎样来向世人解答她与梁思成生死相依的爱情？

林徽因最后的日子是和梁思成一起在同仁医院度过的，她把肺结核病传染给了丈夫，那段时间夫妻二人同时发病住院，思成的症状稍轻。每天一打完针，思成便前往徽因的病房陪伴着她，给她讲在报纸上看到的新闻，讲外面发生的事情，讲一双儿女的近况。他总是握着她的手，就像一对老恋人。

此时的思成正在遭受政治运动的风暴，他终生信奉的学术信念和美学原则被批得一文不值，巨大的思想压力让他喘不过气来，可在病重的妻子面前，他还是伪装出轻松的模样。聪明如林徽因，又怎么会看不出来？从报纸上接二连三关于建筑施工的批评性报道中，便能捕捉出一些时代的风向，前来探视的朋友们脸上也隐藏不住某些不祥的信息。她知道事态正在向着不好的境地滑落，但是无力回天了，为了让丈夫放心，她便佯装糊涂。这对夫妻用伪装来宽慰彼此，独自吞咽下各自心中的积郁。

林徽因开始陷入半昏迷状态，医生禁止外人随意探望，连梁

第五章 云的留痕 浪的柔波

思成都只能进病房看看,不能跟她讲话。思成感觉她随时都有可能要离开了。3月的最后一晚,林徽因在深夜清醒过来,她用微弱的声音吐出一个清晰的句子,她想见一见梁思成。这是她这辈子说的最后一句话,提的最后一个要求,可惜被护士简单地拒绝了。护士说夜深了,有话明天再谈吧。徽因没有能等到明天。一个弥留之际的病人能有明天吗?这是常识,但这位护士偏偏懒得去懂。林徽因一生都重视和体恤身边人的情感需求,临终时,她的身边却没有一个亲近的人,最后的需求被无情地忽略。她一个人挺过人生最后的关卡。

临终前的感受一定非常难过吧,但一辈子也就那么一回,再难过也能挺得过去。她终于挺过去了,过去了,从此不再回来。

梁思成天亮之后才在病房看到离世的妻子,经历了那么多苦难从未悲伤过的他,禁不住泪流满面地哀哭:"受罪呀!受罪呀!徽你真受罪呀!"

林徽因的死讯传到金岳霖那里,他当时正在上班,等办公室的同事全走了之后,他留下了自己的学生周全礼。老金跟周全礼面对面地坐着,沉默了很久,然后突然说:"林徽因走了。"一句话说完,他悲从中来,伏在办公桌上埋头痛哭起来。他哭得那么悲痛,仿佛整个世界都塌陷了。周全礼静静地站在他身边,不知道说什么好。几分钟后,金岳霖擦干了眼泪,静静坐在椅子上,目光呆呆地注视着前方,一言不发。

她受罪了。她的罪受完了。余下的人,接着受他们未完的罪。

对于他们这群人，除了年轻时短暂的青葱岁月，剩下的日子全部都在遭受着磨难。在命运的搅拌中磨尽了生命，沉默地走向死亡。死亡多年后，还一直陷入在沉默当中。当时代的页码翻入新的篇章，政治的捕手对过去的人物重新进行筛选打捞，才得以展露出部分的光辉。历史的尘埃有多重，他们被埋没得就有多深，是否能够被时代选中，获得被打捞的幸运，全凭那双看不见的大手。

他们在各自的命运里舍生忘死奋力一搏，然后结局……结局全部交给命运。

主要参考文献

林徽因著，《林徽因诗文精选》，黑龙江科学技术出版社 2011 年 6 月第 1 版

张清平著，《林徽因传》，百花文艺出版社 2012 年 7 月第 1 版

费慰梅著、成寒译，《林徽因与梁思成》，法律出版社 2010 年 12 月第 1 版

陈学勇著，《莲灯诗梦 林徽因》，人民文学出版社 2012 年 4 月第 2 版

陈新华著，《百年家族 林徽因》，河北教育出版社 2003 年 1 月第 1 版

林徽因著，《林徽因文集》，当代世界出版社 2010 年 9 月第 1 版

林徽因年表

一九〇四年

6月10日，生于浙江省杭州市陆官巷的祖父寓所，祖籍福建省闽县（今福州市），远祖籍河南。

原名林徽音。"徽音"出自《诗经·大雅·思齐》："思齐大任，文王之母。思媚周姜，京室之妇。大姒嗣徽音，则百斯男。"一九三四年发表作品开始改署名林徽因，并以林徽因名行世。经常署用的笔名有林徽音、徽音、林徽因、徽因。曾用笔名尺棰、灰因，也用过梁林徽音。还有西名 Phyllis(菲丽斯)。另有昵称 Whei，专用于同外国亲密友人的交往。

祖父林孝恂，字伯颖。清代光绪朝进士出身，授翰林院编修，后外放任浙江的海宁、孝丰、仁和、石门等州县地方长官。他思想开明，注重教育。族中子女，不分性别均进新式学校，并送子侄多人赴日本留学。林孝恂晚年投股上海商务印书馆。

祖母游氏，擅女红，喜好读书，工于书法。

父亲林长民，生于一八七六年，幼名则泽，字宗孟，号苣冬子、桂林一枝室主人，晚年又号双栝庐主人、桂室老人。幼年从古文家林纾习国学，又从新派人物林白水习西学。中秀才后放弃科举仕途。请外籍教师授英、日文。两度赴日留学，攻读政法，毕业于早稻田大学。回国积极倡导宪政，曾先后任北洋军阀政府参议院、众议院秘书长以及段祺瑞政府司法总长。林长民诗文、书法皆享誉一时。

林长民妻叶氏不能生育，再娶何雪媛即林徽因生母。何氏，浙江嘉兴人，一小作坊主的幼女，文盲。生育二女一子，林徽因系长女，妹麟趾及弟均夭亡。何氏病故于一九七二年。

一九〇九年 五岁

随祖父母迁居杭州蔡官巷。跟从大姑母林泽民发蒙读书。

一九一二年 八岁

冬，随祖父由杭州迁居上海，住"老巴子路"金益里，入附近爱国小学读书。

一九一四年 十岁

随祖父赴北京与林长民同住，住处在北京前王公厂。不及三月林徽因祖父病故。

一九一五年 十一岁

春,林长民家人迁居天津英租界红道路。林长民仍留居北京。是年,梁思成入清华学堂读书。

一九一六年 十二岁

林长民全家返居北京,住南府口御沟河边织女桥西。林徽因入英国教会学校培华女中读书。

胞妹麟趾夭折。

一九一八年 十四岁

与梁思成相识。

一九二〇年 十六岁

北京的国民外交协会宴送林长民、林徽因父女赴欧。

9月20日,林徽因通过考查,入英国St.Mary's Collegiate School就读。

与徐志摩相识。

一九二一年 十七岁

约11月,林长民、林徽因抵达上海。林长民留上海,林徽因先行回北京,在培华女中读书。

一九二二年　十八岁

年初，梁思成拜望林徽因，随即建立恋爱关系。梁受林影响，亦立志建筑事业。

11月，徐志摩用英文为林徽因作《月照与湖》一文。

一九二三年　十九岁

1月初，梁启超、林长民认定梁思成与林徽因婚约关系。林长民欲即行订婚仪礼，梁启超意见是："须彼此学成后乃定婚约，婚约定后不久便结婚。"

春，林徽因和梁思成经常参加徐志摩组织的"聚餐会"，参加者还有林长民、胡适、陈西滢、凌叔华、黄子美、余上沅、徐新六、张歆海、王赓等。此会是以戏剧、文学活动为主的社会文化团体，即北平"新月社"前身。

12月1日，发表童话译作《夜莺与玫瑰》（英国王尔德原著《晨报五周年纪念增刊》），署名尺棰，并为该增刊设计封面。

一九二四年　二十岁

4月23日，泰戈尔应北京讲学社梁启超、林长民等邀请，来华访问抵达北京，林徽因参加接待活动。

5月8日，北京文化界借协和大礼堂举办庆贺泰戈尔六十四岁寿辰晚会，用英语演出泰戈尔诗剧《齐特拉》，林徽因饰演主人公齐特拉，林长民饰演春神伐森塔，张歆海饰演王子阿俊那，徐志摩饰演爱神玛达那，还有袁昌英等参加演出。梁思成负责舞台美术。鲁迅等应邀观看。

5月10日，《晨报》详细报道演出，说："林宗孟（即林长民）君头发半白还有登台演剧的兴趣和勇气，真算难得。父女合演，空前美谈。第五幕爱神与春神谐谈，林、徐的滑稽神态，有独到之处。林女士徽音，态度音吐，并极佳妙。"

6月，林徽因、梁思成、陈植一起赴美国留学。

7月6日，林徽因、梁思成等抵达美国康奈尔大学。

9月，林徽因、梁思成一起进入宾夕法尼亚大学美术学院学习，梁思成在美术学院建筑系，因建筑系不收女生，林徽因即注册在美术系，林徽因注册的英文名字是 Lin Phyllis Whei-Yin。

一九二五年　二十一岁

春，林长民赴美国短期访问，见到林徽因、梁思成。

12月，林长民因东北军阀张作霖部将郭松龄之邀，加入郭松龄部队，参与反对张作霖的兵变，遇难。

一九二六年　二十二岁

1月17日，美国《蒙塔那报》发表署名"比斯林"的文章《中国姑娘将自己献身于拯救她的祖国的艺术》，副题是"在美国大学读书的菲丽斯"。

一九二七年　二十三岁

6月，林徽因于美国宾夕法尼亚大学美术学院毕业，获学士学位，又因成绩优异被该校提升为建筑系"建筑设计课兼任讲师"。同时梁思成获该校硕士学位。

6—9月，林徽因与梁思成一起在Paul. Crade建筑事务所实习。

9月，林徽因进耶鲁大学戏剧学院G.P.帕克教授工作室学习，成为我国第一个在国外学习舞台美术专业的学生。同时梁思成进哈佛大学准备博士论文。

12月18日，梁思成、林徽因尚在美，双方家长在北京为之举行订婚仪式。

一九二八年　二十四岁

3月10日，徐志摩等创办《新月》杂志，林徽因小说创作起步于此杂志。

3月21日，林徽因、梁思成在加拿大渥太华结婚。他们选定此日举行婚姻大典，含纪念宋代建筑家李诫的意思。婚礼在中国驻加拿大总领事馆举行，由梁思成姐夫、当时中国驻加拿大总领事周希哲主持。林徽因为自己设计了一套具东方色彩带头饰的结婚礼服，婚后林徽因、梁思成度蜜月游遍欧洲大陆。

8月，梁思成、林徽因受聘东北大学，为该校创办建筑系，梁思成任系主任，教员仅夫妇二人。

一九二九年 二十五岁

1月19日，梁启超因肾病逝世于协和医院，梁思成、林徽因夫妇设计梁启超墓碑和一小亭。墓碑取材大理石，呈中国建筑的榫状，高二米八，宽一米七。

约春夏间，回沈阳东北大学建筑系到职，任教"雕饰史"课，并建议增设"专业英语"课，亲自任此课。

8月21日，在北平分娩，生女儿，取名梁再冰，以纪念不久前去世的"饮冰室"主人梁启超。

9月，东北大学建筑系增添新教员三人：陈植、童寯、蔡方荫，于教学外组成"梁、陈、童、蔡营造事务所"，接受建筑设计业务，设计了东北大学校舍总体规划和三层教学楼、宿舍等建筑，还设计了交通大学计划在辽宁开办的锦州分校校舍。林徽因均参与其事。林徽因还与梁思成共同设计了沈阳郊区的"肖何园"。

是年，林徽因设计东北大学校徽图案，图形以具地方色彩的"白山黑水"为主，获东北大学图案征集奖金四百元。

一九三〇年 二十六岁

冬，因病辞离东北大学返回北平，暂时寄居于梁思成大姐梁思顺北平寓所。

一九三一年　二十七岁

1月4日，徐志摩到北平，将开始在北京大学等校任教。1月20日，徐志摩、邵洵美编辑的《诗刊》杂志创刊。林徽因发表诗歌作品始于此杂志。

4月12日，写诗《谁爱这不息的变幻》，发表于当月出版的《诗刊》第二期。

11月19日，徐志摩由南京搭飞机飞北平，遇大雾，飞于济南附近坠机罹难。12月6日，北平文化界在北京大学二院大讲堂举行徐志摩追悼会，胡适、周作人、陈衡哲、凌叔华等二百五十余人参加，会场由林徽因、梁思成、余上沅布置。

12月7日，作《悼志摩》一文发表于《北平晨报》"学园"副刊。

一九三二年　二十八岁

3月，论文《论中国建筑之几个特征》发表于当月出版的《中国营造学社汇刊》三卷一期。

4月，与梁思成等往河北省蓟县考察古代建筑。

5月1日前后，住香山疗养。

7月中旬，写诗《莲灯》，发表于翌年三月出版的《新月》杂志四卷六期。

11月，与梁思成同往北平西郊"八大处"作古代建筑考察，回来合作写成《平郊建筑杂录》，发表于当月出版的《中国营造学社汇刊》三卷四期，署名梁思成、林徽因。

是年，为北京大学设计地质馆。又与梁思成共同设计北京大学学生宿舍灰楼。

一九三三年　二十九岁

3月1日，发表诗作《莲灯》《中夜钟声》于《新月》杂志四卷六期。

10月7日，文艺随笔《闲谈关于古代建筑的一点消息》发表于天津《大公报·文艺副刊》。

秋，单独考察云冈石窟。

11月18日，诗作《秋天，这秋天》发表于天津《大公报·文艺副刊》。

11月19日，与梁思成野外考察古建筑后林徽因先行回到北平。

是月，与梁思成、刘敦桢合写《云冈石窟中所表现的北魏建筑》，发表于《中国营造学社汇刊》第三卷三至四期，三人共同署名。

12月，诗作《情愿》选入该月出版的《现代中国诗歌选》（薛时进编）。

12月底，写诗《忆》。

是年，在北平贝满女子中学演讲，讲题是"中国建筑的美"。

一九三四年　三十岁

1月31日，与闻一多、叶公超等十人联名发起捐款支持筹办唐亮的画展。

2月21日，林徽因诗作《年关》发表于天津《大公报·文艺副刊》。

春，文学团体"学文社"在北平成立，林徽因是主要成员。成员还有叶公超、余上沅、饶孟侃、孙询侯、孙毓棠、梁实秋、沈从文等作家。

5月1日，《学文》月刊创刊，叶公超主编。林徽因为此杂志设计封面。

5月26日，在《华北日报》"剧艺"周刊发表戏剧评论《第一幕》。

6月1日，诗作《忆》发表于《学文》月刊一卷二期。

8月25日，文艺性通讯《山西通信》发表于天津《大公报·文艺副刊》。

9月5日，据八月山西乡间之行写成的散文《窗子以外》发表于天津《大公报·文艺副刊》。

秋，在燕京大学演讲，讲题是"中国的塔"。

10月，梁思成、林徽因应浙江省建设厅厅长曾养甫的邀请，往杭州考察六和塔，并商讨六和塔重修计划。在杭州逗留十天，后往浙江宣平、江苏苏州等地考察。

12月，与梁思成、刘敦桢合著的《云冈石窟中所表现的北魏建筑》发表于《中国营造学社汇刊》第四卷第三、四期合刊。是年，写诗《你来了》。

8月11日，系列短篇小说"模影零篇"之二《吉公》发表于天津《大公报·文艺副刊》。

12月8日，散文《纪念志摩去世四周年》发表于天津《大公报·文艺副刊》。

一九三六年　三十二岁

是年，在《大公报·文艺副刊》发表诗歌《深笑》《风筝》《别丢掉》《雨后天》，散文《蛛丝与梅花》《唐岢小瓮》，系列短篇小说"模影零篇"之三《文珍》等。

10月25日，北大、清华、燕京、北师大等京津高校、文化界一百零三名教授、学者签署《平津文化界对时局宣言》，因当局禁令"宣言"未得在原定的《大公报》发表，便改题《教授界对时局意见书》登载于《学生与国家》杂志第一卷第二期。林徽因参加签名。"宣言"指陈抗日形势严峻，并不满当局消极态度。

是年，与梁思成为在英国伦敦举办的中国艺术展览设计、制作了广告招贴画。

一九三七年　三十三岁

1—6月，诗作《静坐》《红叶里的信念》《十月独行》《时间》《古城春景》《前后》等先后发表。创作《梅真同他们》，但后来抗战全面爆发，《文学杂志》因战事被迫停刊，《梅真同他们》永远缺了最后一幕。

9月5日，梁思成、林徽因离开北平前往天津，不久南下青岛、济南、徐州、长沙、昆明等地。

一九三八年　三十四岁

梁思成、林徽因同被西南联大聘为校舍顾问。

一九三九年　三十五岁

2月5日，散文《彼此》发表于昆明《今日评论》第一卷第六期。

春，因敌机轰炸，林徽因一家又随中国营造社与中央研究院历史语言研究所一起迁居昆明近郊离麦地村不远的龙头村。

6月28日，诗作《除夕看花》发表于香港《大公报·文艺副刊》，署名"灰因"。昆明时期还写有《三月昆明》《刺儿的悲歌》，均佚。

7月12日，梁思成、林徽因夫妇出席Norman France和Wiuian Empson联合在昆明大旅社举行的宴会。

秋，梁思成和刘敦桢、莫宗江、陈明达往四川西部四十个县进行长达半年的野外考察，林徽因和刘致平留守昆明营造学社。

一九四〇年　三十六岁

5月，迁居离麦地村约两里的龙泉镇龙头村，并在龙头村设计、监制了自己和钱端升两家比邻的住房。

8月，教育部命令，中国营造学社可再次随中央研究院历史语言研究所一起迁出云南。

一九四一年　三十七岁

3月14日，三弟林桓（空军飞行员）在空战中阵亡。

一九四二年　三十八岁

春，梁思成接受国立编译馆委托着手撰写《中国建筑史》，林徽因协助写作，其中宋、辽部分系林徽因执笔。

一九四四年　四十岁

10月，散文《窗子以外》选入西南联大文学院自编教材《西南联大语体文示范》（朱自清编）。

初冬，写作诗歌《十一月的小村》。

一九四五年　四十一岁

春，梁思成被国民政府任命为中国战地文物保护委员会副主任。由他负责领导编制的一套沦陷区文物目录标注在当时的军用地图上，并有一份送达周恩来。

8月15日，日本天皇宣布无条件投降。

10月，所著论文《现代住宅设计的参考》发表于《中国营造学社汇刊》第七卷第二期。

同月，作为《中国营造学社汇刊》这一期主编，撰写《编辑后语》，指出："战后复员时期，房屋将为民生问题中重要问题之一。"

11月,去重庆,梁思成陪同,住上清寺聚兴村中央研究院招待所。

年底,携梁从诫出席美国特使马歇尔在重庆举行的招待会。林徽因关注与会的共产党领导人,驻重庆的周恩来曾派女共产党员龚澎以个人身份前去探望林徽因。

一九四六年 四十二岁

2月15日,乘飞机赴昆明治病,与张奚若、钱端升、金岳霖等重聚。

7月31日,梁思成、林徽因夫妇和金岳霖等西南联大教授们自重庆乘飞机直航北平。初到北平暂时住在宣武门内国会街的西南联大复员教职工接待处。梁思成拟担任清华大学营建系主任,但随即应邀赴美国旅居近一年。

8月,住进清华大学教授宿舍新林院八号。

11月24日,散文《一片阳光》发表于天津《益世报·文学周刊》。

一九四七年 四十三岁

1月4日,诗作《孤岛》和《死是安慰》同时发表于天津《益世报·文学周刊》。

5月4日,诗作《诗三首》(含《给秋天》《人生》《展缓》)发表于天津《大公报·文艺副刊》。

12月24日,在白塔寺医院做了肾切除手术,手术成功。

一九四八年　四十四岁

2月22日，三组诗作《空虚的薄暮》（含《六点钟在下午》、《黄昏过杨柳》），《昆明即景》（含《茶铺》《小楼》），《年轻的歌》（含《你来了》《一串疯话》），同时发表于杨振声主编的北平《经世日报·文艺周刊》。其中《你来了》《黄昏过杨柳》（原名《过杨柳》）两首系重新发表。

5月，复刊的《文学杂志》第二卷第十二期发表林徽因诗作《病中杂诗九首》。

7月25日，《平明日报》副刊《星期艺文》发表林徽因的《录旧作三首》，含《山中一个夏夜》《深笑》《春天田里漫步》。第三首为今日各种林氏文集失收。8月2日，林徽因诗作《桥》《古城黄昏》发表于沈从文主编的天津《益世报·文学周刊》。

9月5日《平明日报·星期艺文》发表《林徽因诗两首》。

12月13日，人民解放军进驻清华园。

12月下旬，解放军代表由张奚若陪同登门梁思成家，请求在军用北平地图上标明需要保护的古建筑所在地点，以免解放军攻城时古建筑遭损。

一九四九年　四十五岁

1月10日，钱俊瑞等代表中共北平军管会正式接管清华大学。

1月31日，北平和平解放。被聘为清华大学营建系客座教授。

9月，政协筹委会决定邀请清华大学、中央美术学院分别设计国徽图案。林徽因、梁思成负责清华大学设计组。

一九五〇年　四十六岁

5月，梁思成、林徽因参加讨论改造北京旧城时，提出在城墙上辟建城墙公园的设想。

6月20日，全国政协审议国徽设计方案的会议，确定清华大学设计组的设计方案。

6月23日，作为特邀人员参加全国政协一届二次全体大会。大会通过清华大学设计组设计的国徽图案。

6月28日，中央人民政府会议审议通过了国徽图案。

是年，被任命为北京市都市计划委员会委员兼工程师。

一九五一年　四十七岁

年初，为来北京参观的东北工学院建筑系师生在清华建筑馆作"示范讲课"，讲题是"建史与理论"。

5月19日，清华大学营建系在北京市特种工艺专业会议上作题为《景泰蓝新图样设计工作一年总结》的报告。报告由林徽因起草。

7月，与梁思成共同为国际现代建筑学会(简称CIAM)文件《城市规划大纲》中文本写序。

8月16日，建筑论文《谈北京的几个文物建筑》发表于北京《新观察》杂志第三卷第二期。

一九五二年　四十八岁

1月1日，《新观察》半月刊第一期开辟"我们的首都"专栏，约请林徽因撰写介绍北京古代建筑的系列文章，依次发表了《中山堂》《北京市劳动人民文化宫》《故宫三大殿》《北海公园》《天坛》《颐和园》《天宁寺塔》《北京近郊的三座"金刚宝座塔"》《鼓楼、钟楼和什刹海》《雍和宫》《故宫》等。

5月，与梁思成一起署名的长文《达·芬奇——具有伟大远见的建筑工程师》发表于《人民日报》。

9月16日，梁思成、林徽因共同署名的建筑学论文《祖国的建筑传统与当前的建筑问题》发表于《新观察》杂志一九五二年第十六期。

是年，与梁思成参加中南海怀仁堂的内装修设计。

是年，据林徽因的创意，北京人民美术出版社约请梁思成、莫宗江等编绘《中国建筑彩画图案》准备出版，林徽因致信编者提出详尽意见。

一九五三年　四十九岁

9月，被邀请参加第二届全国文代会，江丰在美术家协会的报告上，对林徽因和清华小组挽救景泰蓝工作给予了充分肯定。

10月，中国建筑学会成立，当选第一届理事会理事，兼任中国建筑研究委员会委员。

一九五四年　五十岁

8月10日，作为北京市人大代表，《北京日报》介绍她的简历。

秋，病情严重恶化，完全不能工作，年底，住进同仁医院。

一九五五年　五十一岁

4月1日，清晨六时二十分，于同仁医院逝世。

4月2日，《北京日报》刊登林徽因逝世讣告。

4月3日，林徽因追悼会上午在北京金鱼胡同的贤良寺举行。追悼会后灵柩安葬于八宝山公墓。墓体系梁思成设计。墓碑上书"建筑师林徽因之墓"。

一九八五年

3月，人民文学出版社出版《林徽因诗集》，沈从文题签内封。此系林徽因首次出版文学作品集。

一九九〇年

11月，北京、香港联合出版的《中国现代作家选集·林徽因》在香港三联书店出版。此系林徽因各类体裁文学作品的综合集首次出版。

一九九二年

5月，《中国现代作家选集·林徽因》由人民文学出版社出版。

一九九九年

4月,天津百花文艺出版社出版梁从诫编辑的《林徽因文集》"文学卷""建筑卷"。

二〇〇四年

6月10日,清华大学举行林徽因诞辰一百周年纪念大会。